国土资源部公益性行业科研专项经费资助项目
《珠江三角洲低效用地统筹利用与效益提升关键技术研究》(课题编号:201311004)支持

地方政府运用土地政策参与宏观调控的理论与实践研究

——以深圳市为例

游 朋 著

企业管理出版社

图书在版编目（CIP）数据

地方政府运用土地政策参与宏观调控的理论与实践研究：以深圳市为例 / 游朋著. --

北京：企业管理出版社，2015.8

ISBN 978-7-5164-1097-4

Ⅰ. ①地… Ⅱ. ①游… Ⅲ. ①土地政策—宏观经济调控—研究—深圳市 Ⅳ. ①F321.1

中国版本图书馆CIP数据核字(2015)第143564号

书　　名：地方政府运用土地政策参与宏观调控的理论与实践研究：以深圳市为例

作　　者：游　朋

责任编辑：尤　颖

书　　号：ISBN 978-7-5164-1097-4

出版发行：企业管理出版社

地　　址：北京市海淀区紫竹院南路17号　　邮编：100048

网　　址：http://www.emph.cn

电　　话：总编室（010）68701719 发行部（010）68701816 编辑部（010）68456991

电子信箱：80147@sina.com

印　　刷：香河闻泰印刷包装有限公司

经　　销：新华书店

规　　格：165毫米 ×230毫米　16开本　13印张　180千字

版　　次：2015年 8 月第1版　2015年 8 月第1次印刷

定　　价：38.00元

前言

20世纪70年代末开始，中国在建设社会主义市场经济的过程中，借鉴西方的宏观调控理论，保障了中国经济持续、健康、稳定发展。但新世纪以来，在世界经济形势动荡、增长乏力，中国产业转型升级、构建和谐社会的深刻背景下，传统的宏观调控理论难以完全解决中国现实问题，必须创新传统宏观调控理论，尝试新的宏观调控方法。

本书通过研究表明：中国地方政府运用土地政策参与宏观调控具有理论上的可行性和实践上的必要性，中国地方政府可以并且应当在自身权限范围内，运用土地政策参与宏观调控。地方政府运用土地政策参与宏观调控是一个浩大的系统工程，基于系统化、全程化、协同化和信息化的视角，可以构建达到应用层面的地方政府运用土地政策参与宏观调控的框架体系。结合深圳市的实战模拟，验证地方政府运用土地政策参与宏观调控框架体系，可以应用于针对住房不足、民生用地缺乏、产业结构不均衡等诸多宏观经济问题的调控工作中。在社会结构不断复杂化、行政权力不断分化的现实条件下，规范、支持和引导地方政府运用土地政策参与宏观调控，不但能充分发挥地方政府调控地方经济的积极性，而且有利于国家宏观调控经济目标的实现。作者希望，本研究可为中国地方政府运用土地政策参与宏观调控的优化与提升提供新思路、新方法、新途径，也对丰富土地政策参与宏观调控理论具有一定的参考意义。

本书是作者集十余年、十余项土地经济方向的课题研究经验，体系化、精炼化、实践化的成果，在当今世界风云变幻、中国经济步入新常态的现实情况下，或许有着特殊的意义。由于理论水平和认识能力的局限，书中的错误和纰漏在所难免，恳请广大读者和专家批评和指正。感谢家人对我撰写本书的默默支持，谨以此书献给亲爱的家人们和尊敬的朋友们，祝你们永远健康、幸福！

游朋

2015 年 5 月

目 录

图表目录

第 1 章

研究问题及背景

1.1　引言

对中国来说，宏观调控是个西方舶来品。宏观调控在西方的发展分为三个阶段：从 15 世纪下半叶到 20 世纪初属于第一个阶段，在此阶段中，古典经济学居于支配地位，主张市场自由调节、自由放任，国家干预经济的宏观调控思想不受重视，甚至受到排斥；从 20 世纪 30 年代到 60 年代属于第二个阶段，此阶段俗称凯恩斯革命期，大危机的爆发凸显了古典经济学自由放任经济政策的漏洞，国家干预经济的思想，以及部分国家干预经济的政策措施成为挽救资本世界的重要途径；从 20 世纪 60 年代至今属于第三个阶段，凯恩斯国家干预经济的思想和实践严重动摇了古典经济学的根基，70 年代出现的滞胀现象否认了国家干预经济的万能作用，如何解释干预的理论基础，如何界定干预与自由的界限，如何调和干预与反干预的矛盾，进而从理论上修复或完善经济学，并指导现代经济的发展成为一个被持续探讨的世界课题。1949 年中华人民共和国建国到 1978 年，中国实行的是计划管理体制，国家运用指令性计划直接控制国民经济的运行。1979 年，中国开始从计划经济转向有计划商品经济，进而转向市场经济，宏观调控也逐渐被引入。宏观调控在中国的发展也分为三个阶段：1979 年到 1991 年属于第一个阶段，在此阶段中，中国处在从计划经济向市场经济的过渡期，通货膨胀、大宗商品投资等经济问题进入视野，行政和计划手段仍然被采用，货币政策、财政政策等宏观调控手段逐渐被引入；1992 年到 2003 年属于第二个阶段，在此阶段中，中国处在社会主义市场经济体制的建设期，随着社会经济的快速发展，中国出现了生产过剩与相对短缺并存、通货膨胀与紧缩压力并存的现象，非市场化的行政和计划手段采用频率降低，财政政策、货币政策等市场化的宏观调控手段应用频繁，重要性不断增加；2004 年至今属于第三个阶段，在此阶段中，中国处在社会主义市场经济体制的完善期，国内经济社会形势不断变化，国际经济形势不断对中国的发展提出挑战，宏观调控压力急剧增大，传统的财政政策、货币政策等市场化的宏观调控手段应用更加频繁，产业、价格等新的调控手段不断被尝试。具有中国特色的土地政策也逐渐进入中国宏观调控的视野，地方政府运用土地政策参与宏观调控也开始得到尝试，不断从理论与实践上丰富宏观调控的内容。

1.2 研究目标

经典经济学理论指导下的西方国家宏观调控，无论是理论上还是实践上，均较少涉及土地政策直接参与宏观调控的相关内容，土地政策参与宏观调控成为一个宏观调控领域面临的新课题，而地方政府运用土地政策参与宏观调控更是一个前沿课题。本书的研究目标是以系统化、实践化、信息化的视角来研究地方政府运用土地政策参与宏观调控，实现地方政府运用土地政策参与宏观调控理论基础、框架体系和全程模拟的创新，进而提出土地政策参与宏观调控可应用性举措。

1.3 概念界定

1. 宏观调控

宏观调控是现代市场经济体制的重要内容，辅助着现代市场经济的运行。然而，西方国家自20世纪30年代提出宏观调控理论和政策以来，其重要经济文献、理论著作和影响面广的经济学辞典却没有一个公认的、完整的定义。综合国外宏观经济学著作及重要的学术文献，“宏观调控”应与“宏观经济政策”或“经济政策干预”两词类似，其含义是政府运用经济政策干预经济体系运行以克服市场失灵。

2. 土地政策

土地政策是国家或地方政府根据一定时期内的政治和经济任务，在土地资源开发、利用、治理、保护和管理方面规定的行动准则。从效力层级来划分，土地政策包括土地法律、土地法律解释、行政土地法规、地方性土地法规、土地自治条例和单行条例和土地规章等。从政策用途来划分，土地政策包括土地所有、占有、使用等土地管理政策，还有土地开发、垦殖、经营等土地利用政策，土地价格、土地融资、土地课税等土地经济政策，土地质量保护、土地污染防治等土地环境政策。

3. 土地政策参与宏观调控

土地政策参与宏观调控是将土地政策作为宏观调控的工具，从土地的供给、需求、价格、开发时序入手，运用经济、法律、行政和技术手段等，与财政政策、货币政策、产业政策等传统意义上的宏观经济调控政策一起，通过调节土地资源的市场配置影响宏观经济，从而促进宏观经济的总体发展规模、速度和结构等各方面的优化，平抑经济发展的短期波动，推动国民经济长期稳定增长。

4. 地方政府

地方政府指管理一个国家各行政区事务的政府组织的总称，全称“地方人民政府”。地方政府与这中央政府相比，具有有限的权力，如制定地方税收政策，实行有限的立法等；部分国家民族自治地区较一般的地方政府具有较大的权力（如立法权等）。在中国，广义上的地方政府指相对于中央人民政府（国务院）而言的各级人民政府，《中华人民共和国宪法》第九十五条规定："省、直辖市、县、市、市辖区、乡、民族乡、镇设立人民代表大会和人民政府"。本书中"地方政府"特指依据中国土地管理的"半垂直管理机制"，拥有较充分土地管理权限的省、自治区、直辖市，以及经济特区（深圳、珠海、汕头等）、特别行政区（香港、澳门等）。

5. 地方政府参与宏观调控

在中国经济体制转型的宏观背景下，地方政府在保持与中央政府宏观调控方向一致，落实中央政府关键性的宏观调控政策基础上，充分发挥主观能动性，行使地方土地、财政等资源管理权限，运用土地、财政等政策干预地方经济运行以促进经济优化。具体来讲，就是地方政府在保证中央政府"全国一盘棋"范围内，结合地方实际情况，在地方政府资源管理权限内推出前瞻性、差异性、细致性的地方调控政策，以促进地方经济社会的优化发展。

1.4 问题陈述

地方政府运用土地政策参与宏观调控既是探索宏观调控新的政策手段，也是丰富宏观调控经济理论的理论要求，还是政府健全宏观调控体系，增强宏观调控前瞻性、针对性和协同性，形成参与国际宏观经济政策协调的机制的实践要求。本研究将通过调查、分析、对比和探讨，主要解决以下三个方面的问题：

（1）地方政府运用土地政策参与宏观调控的背景、意义与理论支撑是什么？

（2）如何基于系统化、实践化、信息化等现代视角，构建可应用的地方政府运用土地政策参与宏观调控的框架体系？

（3）如何以典型城市深圳为例，实践模拟与验证地方政府土地参与宏观调控框架体系？

1.5　研究意义

本书认为目前中国土地政策参与宏观调控的理论探讨和实践经验主要存在两方面的问题：

（1）未能基于中国特色的社会制度和土地制度，全面系统深入地总结中国地方政府运用土地政策参与宏观调控的理论基础和目标导向。

（2）未能结合目前中国行政机构层级与职能分工、土地管理的现实情况，以及信息化、大数据、城镇化等新形势，构建面向应用的地方政府运用土地政策参与宏观调控架构体系。

本书的研究首先将从中国社会主义制度和中国土地管理制度出发，结合宏观调控的目标和原理，剖析中国地方政府运用土地政策参与宏观调控的理论本质；其次将基于系统化、信息化、大数据的视角，结合目前中国行政机构层级与职能分工、土地管理的现实情况，阐述土地政策与财政政策、货币政策的分工协作机制，构建系统化、全过程、实践化的深圳市土地政策参与宏观调控架构体系。

1.6 研究范围

本书的研究范围界定在：

（1）在总结中国中央政府运用土地政策参与宏观调控的背景、意义与理论基础上，进一步分析地方政府运用土地政策参与宏观调控的背景、意义、理论基础、目标导向与分工协作机制。

（2）在剖析地方政府运用土地政策参与宏观调控的优劣势，以及其系统化、过程化、协同化、信息化特征的基础上，摸索地方政府运用土地政策参与宏观调控路径策略，构建地方政府运用土地政策参与宏观调控的框架体系。

（3）以典型城市深圳为例，结合住房、民生、产业发展等经济调控热点问题，实践模拟与验证地方政府运用土地参与宏观调控政策的框架体系。

第 2 章

相关研究及文献回顾

2.1　相关文献回顾

2.1.1　国外文献回顾

西方国家对土地在国家经济中的重要作用的研究与中国一样悠久。近代以来，1924 年伊利和莫尔豪斯出版了《土地经济学原理》一书，开创了从现代商品经济角度研究市场中市地利用、土地价值、土地税收等问题的先河。凯恩斯主义盛行后，许多西方市场经济国家都主张政府对宏观经济进行调控（西方国家称为政府干预），相关经济学论著和经济文献汗牛充栋。但在西方宏观调控理论的源起和发展的轨迹中，从未将土地政策提到与财政政策、货币政策同样的高度，因此在西方经济学研究领域很难找到将土地政策作为工具参与宏观调控，发挥土地政策宏观调控作用的研究。部分西方学者的相关研究主要集中在土地要素与经济增长、土地市场与经济功能、土地政策与社会发展等方面。

1. 土地要素与经济增长

关于土地与经济增长的关系，早在古典经济学中就有部分研究。在古典经济学中，土地和资本、劳动力一起被认为是支撑一国经济增长的重要要素。经济学家配第在其经济著作选集中提出："土地为财富之母，而劳动则为财富之父和能动的要素。"他虽然没有明确提出"生产要素二元论"，但实际上已将土地和劳动作为生产的两个要素。此后，经济学家亚当·斯密在他的代表作《国富论》中提出，"无论在什么社会，商品的价格归根结底都分解成为这三个部分（即劳动、资本和土地）"，将资本列为生产要素之一，并形成了"生产要素三元论"。19 世纪末20世纪初，西方经济学家马歇尔在其著作《经济学原理》中将组织作为第四生产要素，与劳动、资本、土地共同构成“生产要素四元论”。后来的经济学家又将技术列为第五生产要素，从而将“生产四元素”提升到“生产五元素”。20世纪80年代，中国著名学者徐寿波提出六种资源，即人力、财力、物力、运力、自然力和时力，被称为“生产要素六元论”。还有一些学者将信息归为第六要素，认为劳动、土地、资本、组织、技术、信息为生产的六要素。从以上可以看出，无论生产要素理论如何变化和发展，一般都将土地作为生产要素之一。

日本经济学教授野口悠纪雄(1997)研究了日本经济高速增长与土地的内在机理，认为土地与日本经济高速增长有密切的关系，并且指出土地对未来日本经济具有重大而深远的意义。Wasilewsk和Krukoeski(2002)，对东欧农村土地的城市化过程进行了研究，认为土地产权的分散和民间持有对经济发展将会产生良好的促进作用。Hausman、Pritchett和Rodrik(2004)等人则研究了经济增长绩效的转折点，指出经济改革中的土地改革是现代经济起飞的关键因素，认为土地改革可以在短时间内释放出巨大的生产力，从而能支撑经济的快速增长。Eugenio通过对比研究日本、中国台湾地区、韩国和菲律宾等亚洲国家及地区的经济发展历程，指出土地的财富累积功能能促进欠发达国家或地区从传统经济向现代经济的转变。

虽然西方主流经济学将土地与劳动、资本、企业家才能等均视为最基本的生产要素之一，但认为对土地的需求是由其他生产要素的需求而引起的被动需求，是引致需求而不是主动需求。在研究土地与宏观经济的关系时，部分经济学家一方面认为数量固定不变的土地供给会对经济增长造成制约，另一方面认为土地生产要素不是一种独立的生产要素，可以为资本、劳动等其他生产要素所替，土地供给对于经济增长并非至关重要。大卫·李嘉图 (D.Ricardo，1817) 指出，作为生产要素的土地、资本和劳动的边际报酬都是递减的，生产报酬的递减将导致一个国家经济增长的最终停止。Kongsamut(1997)；Roomer(1990)；Copeland、Taylor(2003)；Desehenes、Greenstone(2004)；Broek、Taylor(2004) 均认为土地作为生产要素的需求是经济发展所引起的被动需求。他们将这一基本的价值判断作为其分析研究的基本假设，指出一个国家或地区经济的增长在一定程度上将受到土地要素投入数量和质量的制约。Hansen、Prescott(1998) 所做的研究就认为土地资源对经济增长的限制能被技术所替代。

2. 土地市场与经济功能

国外学者从土地市场形成、土地市场功能、市场运行机制、消费者行为、土地市场的均衡与竞争等方面对土地市场都进行了多方位、多角度的研究。

King(1977)；Deininger(2003)；Lerman(2004) 认为土地资源应该由市场来进行配置，土地市场能极大地提高土地资源的利用效率。W.Alonso 等人建立了古典模型研究了市场均衡条件下不同土地利用者的效用函数或竞标地租曲线，认为土地在不同用途之间的分配由市场来调节最为有效。Jude Wallace、IanWilliamson 将土地市场的演变划分为五个阶段。第一阶段是个人或集体依靠非正式契约拥有土地的初级阶段，其显著特点是土地属于一个群体的社会性资源，群体的日常生活依赖于其所拥有的土地，土地具有极强的领土性和社会的不稳定性。第二阶段是法律确认和保护土地权利的阶段，即国家以法律的形式进行公认和保护个人所拥有的土地，土地权利由非正式转向正式，其特征是土地权利的设定与法律化，而土地市场的主要功能则为土地资源的初始分配。第三阶段为土地交易阶段，即土地通过土地市场在市场参与者间进行流转，土地市场的主要功能是实现土地资源的再分配，社会对土地的认识已经从实体的土地转向抽象的土地权利。第四阶段为土地资产市场，即土地作为一种具有资源与资产双重属性的商品出现在市场上，土地市场的主要功能转向社会财富的产生和积累，各种土地金融手段的充分发育，市场交易活跃。第五阶段为复杂综合的土地商品市场，其特征为分离的、复杂的土地权利拥有关系和动态的、综合的市场交易平衡，土地市场的功能由单一转向综合。土地市场的五个阶段的划分并没有截然的界限，在一国或地区有可能同时出现多个阶段并存。

3. 土地政策与社会发展

基于土地的经济、社会、生态价值的与日俱增，国外有关土地政策的研究也不断增多。1945 年，R.T. 伊利的弟子 R.U. 拉特克利夫出版了《城市土地经济学》，该书对城市土地政策进行了深入探讨。T.C.Koopmans 和 M.J.Beckman(1957) 通过研究指出，在一个完全竞争性的土地市场不会形成一个高效的土地利用模式，政府应该对土地资源的市场配置进行一定程度的干预。1965 年，美国学者本杰明 · 希勃德出版了专著《公共土地政策史》。1975 年，彼得 · 巴赛尔出版了专著《19 世纪美国土地政策经济学》。Richare P.Fishman(1975) 认为由于个体决策的盲目性和分散性，政府应以土地公共效用最大化为基本原则，综合考虑经济效益和社会效益，对土地市场进行适当的管制，以达到调控与管制土地市场的目的。1984 年，加拿大学者 M . 歌德伯戈出版了《城市土地经济学》，他对城市土地政策，特别是城市住房政策等问题进行了论述。Karl Case(2004) 则从土地市场所表现出的缺陷作为其研究的切入点，分析了土地市场的不稳定性、投机和效率损失，指出土地价格往往是先急剧上升，然后缓慢下降，这种价格波动格局既不能准确也不能迅速地反映土地的使用价值，投机活动会增加价格的波动幅度和周期，使整个地区的经济受到影响从而最终削弱整个地区的经济竞争能力，从而也认为政府应该更多地、更积极地干预土地市场。Alan W.Evans 指出，由于土地位置的固定性和产权的异质性，土地市场是不完全的市场，不可能在全国形成统一的大市场，政府干预的范围应该是局部地区。

2.1.2　国内文献回顾

由于中国和西方国家在经济基础、社会环境、土地所有制、土地管理制度等基本国情方面存在较大不同，在中国市场经济的建立过程中，单纯依靠财政政策和货币政策来调控宏观经济运行的效果并不显著。从学界到政府，都在尝试更有效的或是更适合中国的调控手段。土地政策参与宏观调控开始被学者、行政官员提出并讨论，并于 2004 年被我国政府尝试运用到宏观调控实践，此后土地政策参与宏观调控的针对性研究大量涌现。

1. 土地政策参与宏观调控的必要性研究

原国家体改委副主任乌杰（1996）认为：我国的宏观调控和国民经济发展健康与否、成功与否、持续与否、效益高低，都与土地政策的宏观调控关系密切，必须在加强金融、财政政策调控的同时，加强土地政策的宏观调控力度，确保我国宏观调控目标的实现和国民经济的持续发展。钟京涛 (2004) 认为：目前中国正处于社会主义市场经济发展的初期阶段，体制转轨和经济加速增长带来的问题层出不穷，而市场机制还难以充分发挥作用，土地政策参与宏观调控是必要的。刘冬春（2005 年）

指出：当前中国宏观经济运行中所出现的问题主要是结构问题，表现为一定时期的产业结构或地区结构严重失衡，而传统的宏观调控手段——财政政策与货币政策从本质上讲都是一种总量调控手段，难以用来对经济结构进行调控。而通过调整用地结构，可以调整产业结构，从而缓解乃至最终解决宏观经济问题。申宝刚和汪应宏 (2006) 认为：随着金融体制改革的不断深入，资金来源的日益多源化在一定程度上削弱了财政政策和货币政策的宏观调控力度，而土地调控直接可以控制项目的启动与建设，弥补财政政策和货币政策的不足。

2. 土地政策参与宏观调控的可行性研究

戚名琛 (1994) 认为：土地是稀缺的不可再生但可永续利用的自然生产要素，在中国城市化过程中有限的城市土地很难满足众多行业众多方面的需求，因此土地在宏观上是调控城市社会经济均衡和谐有序发展的强有力的手段。周诚 (1994) 指出：中国城镇土地资源的配置对宏观经济具有极大的调控作用，运用土地手段来强化经济调控的力度具有重要意义。伯齐 (1995) 指出：由于中国特殊的土地制度，土地能与货币一样，具有可观测性和可调控性，国家完全可以利用自己掌握和管理的土地，对经济运行进行宏观调控，实现经济总量平衡和整体结构优化，促进经济持续、快速、健康发展。王万茂 (1996) 认为在土地、劳动、资本三要素的“木桶效应”中，土地是最小的构成因子，因此中国国民经济整体功能将受制于土地资源的可协调程度，因而运用土地政策调控宏观经济将是有效的。刘维新 (2004) 认为：由于中国政府对土地一级市场具有直接的决定权和支配权，这种特殊的土地制度赋予了政府土地调控权，土地供给政策参与宏观调控因此具有可行性。

3. 土地政策参与宏观调控的理论与机理研究

（1）土地政策参与宏观调控的理论研究。

凯恩斯主义提出以来，西方理论界普遍接受了宏观调控是政府在宏观领域的经济职能，是现代市场经济条件下国家干预经济特定方式的理论。但是，西方宏观调控理论研究中，一般是以财政政策与货币政策为主要的政策手段，结合收入分配政策以及产业政策对宏观经济运行进行预期性或计划性的调节和控制，较少研究运用土地政策调控宏观经济。当中国开始尝试运用土地政策参与宏观调控时，对有关理论支撑问题讨论激烈。在大量的研究中，国内学者已经归纳出生产要素理论、再生产理论以及地租理论作为中国土地供给政策参与宏观调控创新的三大直接理论基础。朱玉明、黄然 (2006) 指出：资本、土地、劳动力是最基本的生产要素，对这些要素加以控制和调节，可以对生产或扩大再生产，进而对经济发展所产生影响作用。张颖等人 (2007) 认为：采用统计分析法、指数分析法和复合指标法对中国产业结构与用地结构的互动规律做了实证研究，实证了中国产业结构与用地结构之间存在紧密相关性并呈同步增减的变化趋势。孙习稳 (2007) 认为：政府控制土地利用结构，就能够引导产业结构按再生产理论的产业演进规律发展，从而达到运用土地供给政策调控经济结构的目标。邱铃章 (2007) 宏观经济运行局部经济、局部行业过热，市场失灵导致平均利润规律不能发挥市场机制的调节作用时，政府可通过地租杠杆来实现“让利”与“取利”，恢复市场经济的平均利润规律，进而调节资本在不同的部门和产业间流动，以达到宏观经济均衡的作用。

（2）土地政策参与宏观调控的机理研究。

张中新 (2004)、黄小虎（2006）、刘法宪（2007) 等研究指出，土地政策调控宏观经济的内在机制共涵盖五个方面，分别是：土地价格机制、土地规划机制、土地税收机制、土地金融机制、土地收益分配机制。张先锋（2005）认为：土地价格在市场自动调节土地资源以达到均衡的过程中发挥重要信号作用，因此土地价格机制在土地政策参与宏观调控的内在机制中起着核心的作用。刘传法（2004）、邢新海（2006）、朱明仓（2007）等作者认为：规划调控机制的实质是以中央政府为主的国家各级政府，通过土地利用规划对全国或本辖区内土地资源的供应总量和结构的干预，进而对一定范围内宏观经济的总体运行进行引导和调节的过程。杨亚 (2005) 指出土地税收机制可以通过对土地取得、保有、转让征税来调节收入分配从而起到对宏观经济的影响作用。余纪云（2005）、谢戈力（2006）、张路鹏（2007) 等指出：通过土地供给政策能调节土地资产的持有数量，从而影响土地资源所特有的“信用功能”、引导土地资产的“投资功能”、抑制土地资产的“投机功能”，从而对土地投资信贷总量、信贷投入的方向和时间、信贷条件和利率实施调控，进而达到对宏观经济进行调控的目标。胡进安 (2005)、张安录（2007) 认为：土地的租、费是土地流转和交易中各利益主体在经济上的实现形式，也是土地收益分割的主要方式；土地政策的调整，可以调节中央政府与地方政府之间、不同区域的地方政府之间、地方政府与土地使用者之间的相对土地收益，规范短期、非理性行为。

4. 土地政策参与宏观调控的内容和手段

（1）土地政策参与宏观调控的内容。

孟星 (2005) 指出：土地供给政策参与宏观调控主要内容包括四个方面：①土地数量调控；②土地结构调控；③土地供应方式调控；④土地市场主体行为调控。刘剑锋（2006）、赵淑芹（2007）认为土地政策参与宏观调控的内容至少包含以下七个主要方面：①调控土地供应总量；②调控土地供应结构；③调控土地供应方式，包括对协议、招标、拍卖、挂牌等；④调控土地供给价格，包括住宅用地、工业用地、商业性用地的价格等；⑤调控土地的保有行为；⑥调控土地的流转行为；⑦调控地方政府土地管理行为。

（2）土地政策参与宏观调控的手段。

顾林土（2004）、王永平（2004）、张撑民（2005) 等发表论文指出：政府在运用土地供给政策参与宏观调控过程中，能采用的手段大致分为经济手段、法律手段、行政手段三种。其中经济手段包括土地税收调节、土地收益分配调节、土地融资等方面，法律手段则包括土地规划立法、土地利用立法、土地产权保护、责任追究等方面，行政手段一般主要包括数量管制、用途管制、价格管制等方面。董柞继 (2007) 认为：土地利用国家干预可以采用土地立法、土地规划、土地计划、土地征收、土地保护、土地产权、土地准入控制和土地使用控制八种手段。樊纲 (2004) 指出：在现状条件下，经济手段调控宏观经济收效甚微，行政手段能有效地防止出现更严重的产能过剩以及出现的经济危机，所以是一种务实的做法。吴次芳 (2004) 则指出：从长远来看，在土地供给政策参与宏观调控的手段中，经济手段将占据主要位置，随着各法律法规的逐渐制定和修改完善，法律手段的运用将迅速扩大，而行政手段将逐渐降低到次要的位置。

5. 土地政策参与宏观调控的绩效研究

随着土地政策参与宏观调控在中国投入实践，中国学者也开始了对于土地供给政策参与宏观调控达到土地供给政策的预期目标的情况展开了研究。中国土地矿产法律事务中心在“土地政策参与宏观调控的实践历程”的课题成果中指出：土地政策在三个方面作用显著，一是通过土地用途管制圈地和乱占耕地的势头得到遏制，耕地得到了有效保护，农民利益得到维护；二是通过住宅用地的调节，有效调控了房地产开发用地供应总量，有效抑制了房地产投资增速过快的势头；三是通过土地利用结构的调节，有效遏制了固定资产投资规模过快增长，促进了经济结构调整、经济增长方式转变和区域经济的协调发展，因此认为土地调控整体上达到了预期的政策目标。杨玉珍、文林峰(2005)则在《抑制房价过快上涨宏观调控政策实施效果评价及建议》论文中指出：2004年开始实施的一系列宏观调控政策，对于控制投资规模过快增长发挥了一定作用，但部分地区土地管控导致土地供应紧缺，住宅供需矛盾突出的地区不但未控制房价反而拉高了商品房的价格，一些地区依然面临房价上涨过快的压力，土地政策对房价的调控未能达到预期的政策目标。目前，针对土地政策参与宏观调控绩效情况，既未形成一套公认的、科学的评价方法体系，也未形成调控目标是否达成的衡量范围和标准，因此学术观点众说纷纭。

6. 地方政府运用土地政策参与宏观调控研究

目前中国学者直接阐明对地方政府运用土地政策参与宏观调控的研究较少，但相关性的研究已经出现，主要表现在对中央政府运用土地政策参与宏观调控不足的分析，以及地方政府土地政策研究中提出的调控建议等方面。王康伟在分析中国中央政府运用土地政策参与宏观调控的过程与效果后指出，影响中国土地政策调控效果的深层次原因之一是中国现行体制安排，不能有效对地方政府的经济人行为实施激励和约束。周充在对中国房地产业调控政策及协调性的研究中指出，注意政策协调克服中央与地方政策对冲，兼顾中央与地方利益降低行政内耗，对提高政府调控房地产业发展兼具理论与现实意义。刘小葵在对湖南省土地利用现状进行分析后指出，湖南省土地利用存在区域不均衡、农地保护压力过大、土地生态环境严峻等问题，建议湖南省针对现实省情优化土地管理政策。哈晨路在对合肥市的土地政策研究后指出，现行合肥市土地政策存在与社会实际的经济发展水平相脱离、缺乏细致具体的微观土地政策、土地执法力度过低等问题，建议合肥市制定更适合地方具体市情的、考虑社会弱势群体利益的地方土地政策。

2.2　相关研究回顾

2.2.1　国外研究回顾

国外相关研究主要集中在两个方面：一是建立了宏观调控理论体系；二是阐述了土地政策对经济会产生重要影响的理论。1929 年规模空前的世界经济危机爆发后，古典经济学关于资本主义社会可以借助市场自动调节机制达到充分就业的理论彻底破产，凯恩斯开始构建宏观调控理论体系，该理论体系是后续国家干预经济各项研究的基础。土地政策参与宏观调控研究，属于国家运用政策手段干预经济研究的一种类别，因而宏观调控理论体系是土地政策参与宏观调控研究的重要基石。从亚当斯密的《国富论》到马歇尔的《经济学原理》，再到马克思的地租地价理论，以至于到现代的土地经济学理论，均指出土地在经济社会发展中起着重要作用，土地政策会对经济社会产生重要影响。虽然国外宏观调控手段研究主要集中在财政政策、货币政策等传统方面，对土地政策的理论研究较少，但是宏观调控理论体系、土地政策影响经济社会理论已经构建了土地政策参与宏观调控的重要基础。

2.2.2 国内研究回顾

国内相关研究主要从两个方向出发来研究土地政策参与宏观调控：一是从宏观调控理论体系的一般性出发，从兼容性角度研究能否将土地政策纳入货币政策、财政政策的传统阵营；二是从中国特殊国情出发，研究中国土地政策参与宏观调控的特殊范式。

将土地调控理论纳入一般宏观调控理论体系的研究，主要研究包括：基于宏观调控理论体系的发展历程及现在面临的挑战，提出土地调控政策可能是宏观调控体系的重要突破；基于货币政策、财政政策在现代经济中的局限性，指出土地政策能够弥补相应的不足；基于土地与土地政策自身的特点，分析土地政策能够在宏观体系发挥的作用；基于货币政策、财政政策与产业政策等传统手段的分析，对比分析土地政策手段的特点、机理与效用，归纳土地政策是否能够与货币政策、财政政策并列；基于货币政策、财政政策与土地政策的作用原理、作用方式、作用过程与作用效果，分析货币政策、财政政策与土地政策能否兼容等。

中国土地政策参与宏观调控的特殊范式的研究，主要研究包括：基于中国经济体制转轨带来的特殊经济国情、中国经济不均衡的特殊现状、中国经济发展的特殊投资方式、市场经济不够发达的现实情况等，研究中国土地政策参与宏观调控的必要性；从土地公有制、土地行政架构、生产要素理论、再生产理论、地租地价理论等角度研究中国土地政策参与宏观调控的可行性；从调控手段的作用机理与工具设计，反推中国土地调控手段的设计；基于政策评价理论、系统工程理论，研究中国土地政策参与宏观调控的绩效与不足等。

地方政府参与宏观调控的特殊范式的研究，主要研究包括：社会结构与阶层不断复杂化的理论及其对中央政府不能有效管理全层面、各区域、复杂化的社会体系；基于民主意识的觉醒、社会事务日益繁多、人口规模不断增加等形势提出的权力分散理论等。

2.3　本研究的概念框架

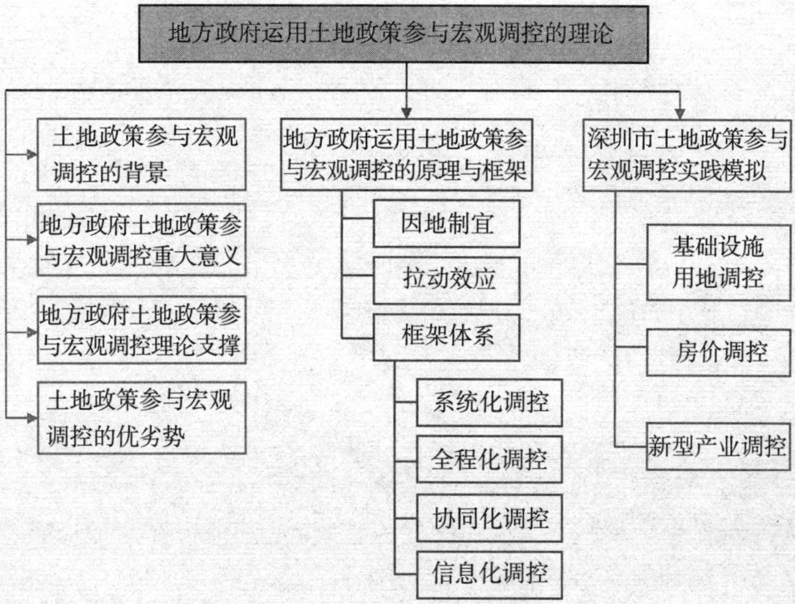

图 2-1　本研究的概念框架

第 3 章

★★★★★★★★★★★★★★★★★

研究方法、资料来源及本研究的构架

3.1 研究方法

深圳市土地政策参与宏观调控的理论与实践研究，在总体上采用理论研究与实践实证研究并举的研究方式，既突出理论上的深化和创新，又注重实际的可操作性和可验证性。用文献研究与比较研究的方法收集国内外宏观调控的理论及土地政策参与宏观调控方面的理论研究文献。通过比较研究，分析中国地方政府运用土地政策参与宏观调控的优劣势。用调查研究与综合考察的方式调查中国一些地区宏观经济的现实状况以及在运用土地政策参与宏观调控中存在的突出问题，结合综合考察分析方案的实际可操作性，最后确定运用土地政策参与宏观调控的系统框架与形式路径。采用实证研究方式，以深圳市为例，进行部分宏观调控实战模拟。

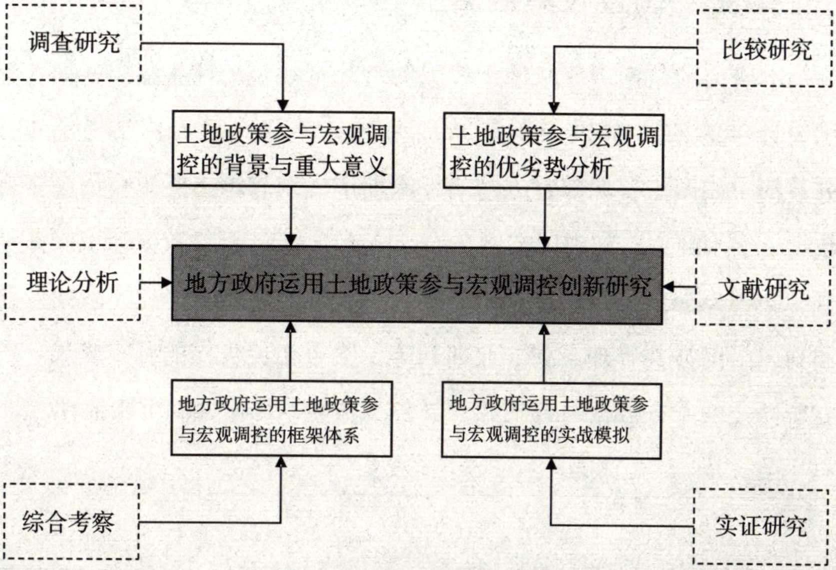

图 3-1 研究方法

3.2 数据的收集

本研究的数据收集方法可概括为调查收集、问卷调研和专题讨论相结合的方法。即首先通过收集统计年鉴、专业学术网站、学术报刊和专业机构的数据，获得该研究领域的主要数据，并向土地调控服务组织、土地调控服务对象、土地调控研究机构等发放调研问卷。通过对调研问卷取得的数据进行归纳整理，研究分析地方政府运用土地政策参与宏观调控的可行性和必要性，地方政府运用土地政策参与宏观调控的模式和路径等。再在此基础上通过专题讨论数据等途径，结合国内外土地调控经验教训、发展趋势以及宏观调控理论发展的成果，对地方政府运用土地政策参与宏观调控的相关理论研究进行丰富充实。

3.2.1 调查收集数据

本研究的数据部分来源于权威的统计资料：统计年鉴类，如《中国统计年鉴》《中国城市年鉴》《深圳统计年鉴》；政府网站提供的官方数据，如国土资源部官方网站、深圳市规划和国土资源委员会官方数据；学术网站，如中国知网（www.cnki.net）、万方数据知识服务平台（www.wanfangdate.com.cn）等；学术报刊，如中国高校系列专业期刊、中国公共管理系列专业期刊等；国家相关机构的调查成果。研究所涉及的所有数据均有来源，具备真实性、可比性和可验证性。

3.2.2　问卷调研数据

1. 问卷调研的对象

问卷设计过程中首先基于覆盖地方政府宏观调控主客体的原则，确定了调研对象为土地调控服务组织、土地调控服务对象、土地调控研究机构等，进而本着主题相关、简洁明了、方便礼貌等原则，经多次讨论及征求专家建议，作者设计了地方政府运用土地政策参与宏观调控问卷，在此基础上确定了具体的调研问卷发放范围和单位。本次调查共发放问卷 200 份，回收 177 份。

2. 问卷设计的内容

本研究所设计的调查问卷是在地方政府运用土地政策参与宏观调控理论和实践研究的基础上进行的，具体研究中央及地方政府运用土地参与宏观调控现状和存在的问题，影响土地政策参与宏观调控的主要因素，地方政府运用土地政策参与宏观调控的优劣势，地方政府运用土地政策参与宏观调控的建议等相关问题，抽样分布既考虑了数据的覆盖性，又充分考虑到不同研究层次之间数据的内在联系。

3. 调研问卷的发放和回收

在研究过程中借助老师和朋友们的帮助，共发放问卷 200 份，回收问卷 177 份，包括深圳市及其所辖的罗湖区、福田区、南山区、盐田区、光明新区、龙华新区、坪山新区有关政府机构、事业单位、非政府组织、专业研究机构的代表及公众代表。其中市级政府机构、事业单位作为宏观调控主体的代表，占比合计 40%；区与街道政府、非政府组织及公众作为宏观调控客体的代表，占比合计 40%；专业研究机构作为第三方独立机构的代表，占比为 20%。三方综合反映对地方政府运用土地政策参与宏观调控的意见。

调查问卷回收情况如表 3-1 所示。调查问卷分类回收率均在 70% 以上，总回收率达到 88.5%；根据回收的有效调查问卷，工作年限 2 年以上人员占比 90% 以上，本科及本科以上人员占比 95% 以上。综合判断调查成果可以作为分析对比之用。

表 3-1　调查问卷回收情况统计

问卷名称	发放数量（份）	发放比例（%）	回收有效答卷（份）	回收率（%）
市级政府问卷	50	25	50	100
相关事业单位问卷	30	15	30	100
区与街道政府问卷	30	15	27	90
非政府组织问卷	30	15	24	80
公众代表问卷	20	10	14	70
专业研究机构问卷	40	20	32	80
总计	200	100	177	88.5

统计回收的有效调查问卷，有以下统计成果：地方政府运用土地政策参与宏观调控必要性调查方面，认为非常必要和有必要的人员比例分别达到了 22% 和 46%，合计达到 68%，如图 3-2 所示；认为中国地方政府运用土地政策参与宏观调控优势大于劣势的人员比例达到了 63%，如图 3-3 所示；认为对地方政府运用土地政策参与宏观调控职责履行情况不好和一般的人员比例分别达到了 40% 和 30%，如图 3-4 所示。

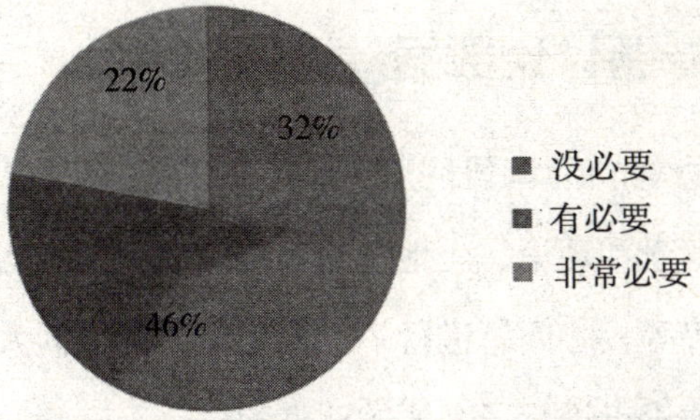

图 3-2　地方政府运用土地政策参与宏观调控必要情况调查统计图

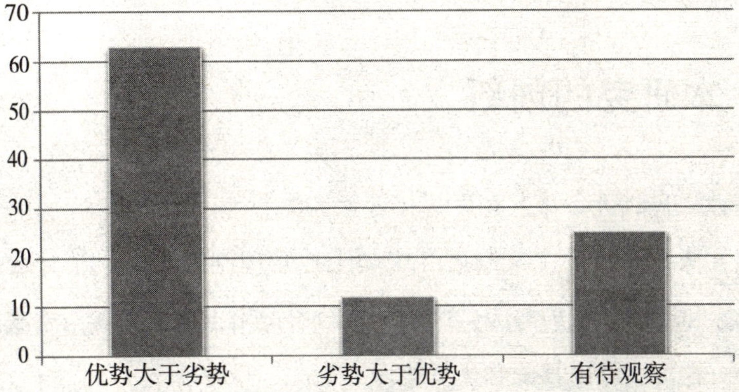

图 3-3　地方政府运用土地政策参与宏观调控优劣势情况调查统计图

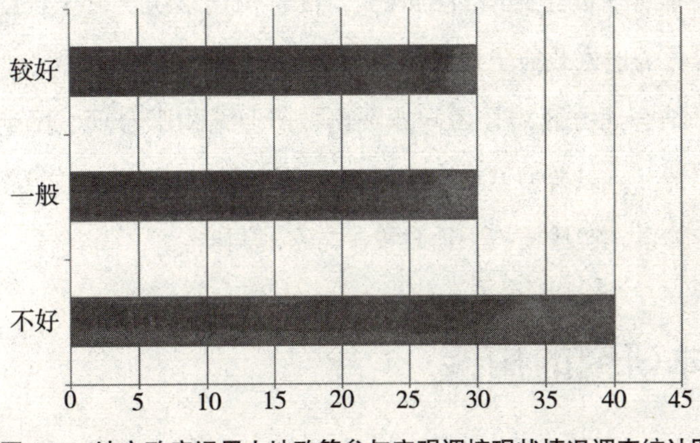

图 3-4　地方政府运用土地政策参与宏观调控现状情况调查统计图

3.2.3 专题讨论数据

在收集调查资料和调研问卷基础上，作者主动邀请了专家对土地参与宏观调控背景和理论，土地参与宏观调控现状和问题，土地参与宏观调控未来趋势等核心问题进行了专题访谈，并根据大家的意见和建议对本研究的相关论点进行了必要的调整和修改，以确保政策建议的准确性和权威性。

3.3 本研究的创新

本研究的创新之处主要有以下三个方面：

（1）从中国社会主义制度和中国土地管理制度出发，结合宏观调控的目标和原理，梳理与完善中国地方政府运用土地政策参与宏观调控的背景、意义、理论基础和优劣势。

（2）以实践化、信息化、大数据的视角，结合目前中国行政机构层级与职能分工、土地管理的现实情况，构建系统化、全过程、协同化、信息化的地方政府土地政策参与宏观调控框架体系。

（3）结合地方政府住房问题突出、产业结构不合理、民生问题严重的现实情况，以典型城市深圳为例，运用地方政府土地政策参与宏观调控框架体系，实战模拟土地政策参与宏观调控。

3.4 本研究的构架

在对宏观调控理论和土地市场理论进行梳理的基础上，综合国内外土地政策参与宏观调控相关研究成果，基于信息化、大数据、城镇化的宏观背景，以经济市场化和土地市场化的典型城市深圳为例，构建集成化、全过程、实践化的地方政府运用土地政策参与宏观调控政策框架，并就房产投机、民生用地不足、产业结构不均衡等热点问题进行模拟调控。本研究的内容主要分为以下五个部分，如图 3-5 所示：

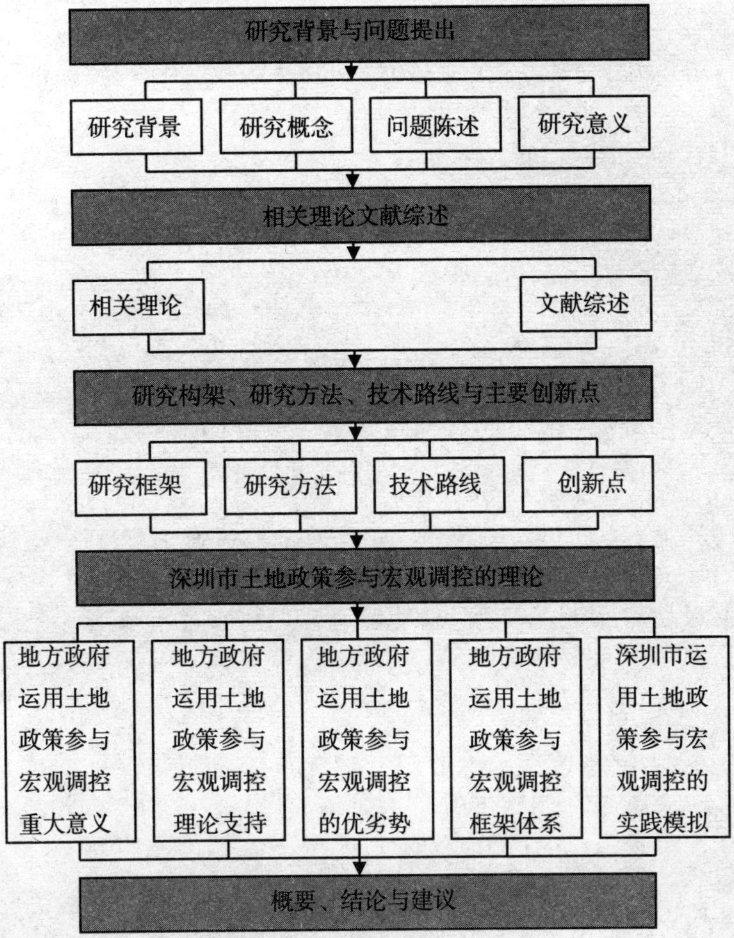

图 3-5　本研究框架结构图

第4章

地方政府运用土地政策参与宏观调控的理论与实践研究

4.1　地方政府运用土地政策参与宏观调控的背景与重大意义

4.1.1　土地政策参与宏观调控的背景

1. 世界经济波动

纵观近现代世界经济，其发展经历了资本主义崛起导致经济的飞速发展（1640 年—1824 年）、多轮经济危机导致经济的大幅波动（1825 年—1932 年）、政府干预引导经济较为平稳发展（1933 年—2007 年）、滞胀与政府干预失灵后经济的缓慢发展（2008 年至今）的较长历程，并以 1640 年英国资产阶级革命、1825 年英国第一次爆发普遍的经济危机、1933 年罗斯福当选美国总统并实行新政干预经济、2008 年爆发的全球金融危机为重要节点。当前，世界经济仍未摆脱全球金融危机，仍在全球经济下滑的阴影中徘徊，迫切需要重振经济。20 世纪七八十年代中国开始改革开放以来，中国经济步入快车道，经历了近 30 年的高速增长（10% 左右）。21 世纪初，中国一些地区（特别是东部部分地区）由于土地面积较大、人口较多、区位良好、起步较早等原因，经济规模膨胀式增长，部分省分和城市国民经济总值已超过亚洲或欧洲的一些国家。但 2010 年以来，中国经济增长速度开始下降，由高速增长期步入中速增长期（7% 左右）。工业化未完成、城市化尚在加速、人均收入较低、区域差别巨大等基本国情，要求中国经济增速的变化不能影响经济的长远发展。中国中央政府和地方政府为促进经济增长，保持社会稳定纷纷运用土地、财政、货币等政策进行宏观调控。

2. 经济理论调整

从理论角度看，近现代世界经济理论的发展大致经历了三个阶段：从15世纪下半叶到20世纪初属于第一个阶段，在此阶段中古典经济学居于支配地位，主张市场自由调节、自由放任；从20世纪30年代到60年代属于第二个阶段，此阶段凯恩斯理论开始流行，大危机的爆发凸显了古典经济学自由放任经济政策的漏洞，国家干预经济的思想以及部分国家干预经济的政策措施成为挽救资本世界的重要途径；从20世纪60年代至今属于第三个阶段，凯恩斯理论和实践严重动摇了古典经济学的根基，而滞胀现象否认了国家干预经济的万能作用，经济学理论步入复杂发展期。为古典经济学修补而产生的新古典主义、货币学派、供给学派等研究方向竞相发展，希望能在经济学理论修复或完善过程中做出自己的贡献。宏观调控理论作为现代经济理论的一个重要分支，迫切需要发展与完善。

3. 社会与科技发展

城市化（urbanization），也有的学者称之为城镇化，是由农业为主的传统乡村社会向以工业和服务业为主的现代城市社会逐渐转变的历史过程，具体包括人口职业的转变、产业结构的转变、土地及地域空间的变化。联合国经济和社会事务部(DESA)发布的2011年版《世界城市化展望》指出：目前世界城市化进程不断加快，城市人口迅速增长，到本世纪中叶世界城市人口有可能达到64亿，给城市居住、环境、基础设施等各方面带来了新挑战。与此同时，洪水、干旱、台风等多种自然灾害不断威胁着城市的安全。1980年以来，随着中国经济的快速发展，中国城市化也发展迅猛。2011年，中国城镇人口达到6.91亿，城镇化率首次突破50%关口，达到了51.27%。同时，2011年中国发布的《国民经济和社会发展第十二个五年规划纲要》提出：坚持走中国特色城镇化道路，科学制定城镇化发展规划，促进城镇化健康发展。其后，在中国各省的《国民经济和社会发展第十二个五年规划纲要》中均提出“以新型城镇化”为指导，全面建设小康社会。在未来可预见的一段时间内，中国的城市化（城镇化）进程将继续保持较快速度。

信息化。20 世纪中叶开始，自然科学理论取得了一系列新的突破，并以此为基础开始了以电子计算机、原子能、航天空间技术为标志的第三次科学技术革命，到 70 年代又出现了以微电子技术、生物工程技术、新型材料技术为标志的新技术革命。在新技术革命中，信息技术的快速发展尤为瞩目。信息技术是管理和处理信息所采用的各种技术的总称，包括传感技术、计算机技术和通信技术等细分类型，主要应用计算机科学和通信技术来设计、开发、安装和实施信息系统及应用软件。20 世纪 90 年代以来，信息技术不断创新，信息网络广泛普及，信息产业持续发展，信息化已成为全球经济社会发展的显著特征。进入 21 世纪，信息化逐步向一场全方位的社会变革演进，对经济社会发展的影响更加深刻。面对信息化的机遇和挑战，世界各国纷纷提出政策予以应对，如美国政府 1993 年宣布兴建的“国家信息基础设施”（National Information Infrastructure，简称 NII）（所谓的“信息高速公路”）、中国政府 2006 年发布的《2006—2020 年国家信息化发展战略》、日本政府 2009 年推出的“i-Japan 战略 2015”等。未来，信息化将与经济全球化相互交织，推动全球产业分工深化和经济结构调整，重塑全球经济竞争格局。

大数据与云计算。大数据是指信息爆炸时代产生的海量数据，以及与之相关的技术发展与创新。21 世纪以来，“大数据”一词被提及的频率越来越频繁。互联网世界中个人或机构的研究成果、企业的经营管理信息、各类商品的交易物流信息、人与人交互信息与位置信息等等，其数量将对现有 IT 架构和基础设施、存储设备的承载能力提出挑战，也为海量数据的挖掘和运用提供了机遇。云计算，是一种基于互联网的计算方式，通过这种方式共享的软硬件资源和信息可以按需求提供给计算机和其他设备。大数据成为有价值的资产，云计算为数据资产提供了保管、访问的场所和渠道。盘活这些数据资产，使其为国家治理、企业决策乃至个人生活服务，是大数据与云计算内在的灵魂和发展的方向。目前大数据与云计算已在物理学、生物学、环境生态学等领域投入使用，未来其将在商业、金融、通讯、军事等行业发挥日益突出的作用。

4.1.2 地方政府运用土地政策参与宏观调控的背景

1. 地方政府承担着地方发展的重要职责

在中国行政系统中，国务院居于最高领导地位，它统一领导所属各部委的工作，统一领导全国各级地方行政机关的工作，有权根据宪法、法律管理全国范围内的一切重大行政事务。但实际上，由于中国地域面积大、人口众多，地方政府不断被赋予越来越多的职责。如《中华人民共和国宪法》规定：地方各级人民代表大会在本行政区域内，依照法律规定的权限，通过和发布决议，审查和决定地方的经济建设、文化建设和公共事业建设的计划；县级以上地方各级人民政府依照法律规定的权限，管理本行政区域内的经济、教育、科学、文化、卫生、体育事业、城乡建设事业和财政、民政、公安、民族事务、司法行政、监察、计划生育等行政工作。

2. 地区差异巨大

中国国土面积巨大，各地自然环境差异明显，地理区位和经济区位不同，经济发展程度差异也十分巨大。例如珠江三角洲位于广东省的东南部，毗邻港澳，与东南亚地区隔海相望，该地区依靠优越的地理位置、政策的优惠及人文因素的优势，重点发展了外向型经济，经济发展取得了较大成就；长江三角洲位于长江入海口，处于中国海岸线的中点，区域内经济基础较好，资源丰富，借助改革的力量大幅发展了生产力，经济规模不断攀升；西部城市人力资源不足，工业基础薄弱，生态环境较为恶劣，导致经济发展较为缓慢。东西差异、南北差异、城乡差异在中国表现十分明显，中国政府的各项政策都不得不考虑地区差异因素。

3. 地方政府在改革开放过程中形成了调控经济的能力、惯性和意愿

改革开放过程中，中国自上而下的经济分权、地区之间的竞争为地方政府发展经济提供了“正确的激励”，同时长期实行的以经济增长速度为核心指标的地方政府政绩考核评价办法进一步激励了地方政府“为增长而竞争”，地方政府利用被赋予的经济权力促进经济快速发展，形成了地区经济争先发展的蓬勃局面，成为成就中国经济腾飞的重要因素。近年来，中国开始加快行政管理体制改革，建设服务型政府，但是由于历史惯性、发展阶段、定位交叉等诸多原因，导致“政企分开、政资分开、政事分开”“小政府”“服务型政府”等目标在较长时间内无法实现。另外，在新的地方政府政绩考核评价办法实施之前，以经济增长速度为核心指标的上级政府对地方政府政绩考核评价办法仍然起着主导作用，诱发着地方政府促进经济发展。而以城市建设好坏为核心的本级

人民代表大会考核制度（体现在地方政府向本级人民代表大会汇报），进一步激励着地方政府运用各种手段促进区域发展，而土地政策与财政政策就是地方政府运用最广泛的手段。因此，地方政府在改革开放过程中形成了调控经济的能力、惯性，在现行考核制度下愿意积极调控地方经济。

4.1.3 土地政策参与宏观调控的重大意义

探索土地政策参与宏观调控，既具有重要的理论意义，也具有重要的实践意义。

1. 理论意义

首先，目前在西方经济学研究领域较难找到土地政策参与宏观调控的理论研究成果，将土地政策与财政政策、货币政策同等作为宏观调控政策研究的文献更是罕见。结合中国的实践探索土地政策参与宏观调控的理论基础与机制原理，可为国内外相关研究提供借鉴。其次，在前人研究的基础上，以系统化、信息化和实践化的视角，梳理、重构地方政府运用土地政策参与宏观调控的框架结构，有利于丰富和拓展土地政策参与宏观调控的研究领域。

2. 实践意义

首先，中华民族正处在全面复兴的关键阶段，国际国内经济形势的变化提出了新的挑战。探索土地政策参与宏观调控，有利于进一步优化中国经济总量和结构，稳定经济增长。其次，地方政府已经并将持续作为中国经济的重要参与者，正确引导和充分发挥地方政府参与宏观调控的积极性，有利于中国在经济社会发展转型的特殊阶段实现经济社会稳定、健康、可持续发展。第三，世界经济尚处在低速徘徊期，中国中央政府及地方政府运用土地政策参与宏观调控实践经验，作为一种全新的宏观调控手段，可为亚洲和世界其他国家提供参考，促进全球经济的复兴。

4.1.4　地方政府运用土地政策参与宏观调控的重大意义

探索地方政府运用土地政策参与宏观调控，同样既具有重要的理论意义，也具有重要的实践意义：

1. 理论意义

探索地方政府运用土地政策参与宏观调控，在世界经济研究领域中几乎是个空白。分析地方政府运用土地政策参与宏观调控的理论基础、机制原理、分工模式，有利于丰富和拓展土地政策参与宏观调控的研究领域。

2. 实践意义

在中国宏观调控的发展历程中，地方政府逐步参与到宏观调控过程中。在土地政策参与宏观调控的发展历程中，地方政府的积极性和主动性更为强烈。规范与引导地方政府参与宏观调控具有重要的实践意义。

（1）中国地方政府辖区面积较大，经济规模巨大。与部分西方地方政府不同，中国地方政府辖区面积较大，部分省、市辖区面积甚至超过西方国家的领土面积。随着近年中国经济的快速发展，中国部分省、市经济规模不断增大，一些省、市的国民经济生产总值陆续超过部分国家的国民经济生产总值。地域的差异性、规模的巨大性、经济问题的纷繁复杂性促使地方政府参与宏观调控。

（2）中国地方政府在现阶段经济发展中的重大作用。在改革开放过程中，中国形成了投资主导、政府主导、竞争性地方政府“三位一体”的经济增长方式，在推动经济快速增长中发挥了重大作用。为适应新的经济社会发展形势，未来中国将推动地方政府的职能转变和它的行政模式转变，市场将在资源配置中起决定性作用，服务型政府将逐步建立。但是21世纪以来，中国经济转型困难重重，世界经济形势更加严峻，宏观调控压力不断增大，未来一定时期内地方政府在经济发展领域的重要角色将不会改变。

因此，中国地方政府辖区面积较大、中国区域经济规模巨大体现了地方政府参与宏观调控的必要性，中国地方政府在现阶段经济发展中的重大、特殊作用为地方政府参与宏观调控提供了手段。规范并引导地方政府参与宏观调控，发挥地方政府参与宏观调控的积极性，必将为中国经济的平稳、健康、可持续发展作出重大贡献。

4.2 地方政府运用土地政策参与宏观调控的理论支撑

4.2.1 宏观调控理论需要不断完善

经济学中经济思想的开放性。西方经济学思想在历史上发生了一系列的变化。16世纪末以后西欧进入资本原始积累时期，宣扬重商主义思想的著作在英、法两国大量出现。重商主义思想认为对外贸易是财富的真正源泉，主张在国家的支持下发展对外贸易，通过出超来获取更多的金银财富。17世纪中叶以后，英国、法国工场手工业逐渐发展成为工业生产的主要形式，资产阶级面临的重要任务是与封建势力作斗争，这种斗争迫切要求从理论上探讨财富生产和分配的规律，说明资本主义生产方式使财富迅速增长，论证资本主义生产的优越性。注重流通和出超的重商主义已经不适应日益壮大的产业资本的利益和要求，注重生产过程研究的古典经济学，开始把资产阶级经济学发展成一个完整的体系。19 世纪 70 年代后，边际效用学派在西欧和美国兴起，该学派倡导的边际效用价值论和边际分析方法被称为“边际主义革命”，以描述其对古典经济学分析方法的革命性影响，边际分析方法也被吸收为资产阶级经济学的重要基础。新古典经济学进而以折衷主义手法调和、综合供求论、生产费用论、边际效用论、边际生产力论等经济流派，建立了一个以完全竞争为前提、以“均衡价格论”为核心的相当完整的经济学体系。1929 年规模空前的世界经济危机爆发后，古典经济学关于资本主义社会可以借助市场自动调节机制达到充分就业的理论彻底破产，凯恩斯主义抨击了“供给创造自己的需求”的萨伊定律和新古典经济学的一些观点，对资本主义经济进行总量分析，提出了有效需求决定就业量的理论。凯恩斯主义进一步提出加强国家对经济的干预，以提高有效需求、实现充分就业的建议并使全球经济恢复并发展。而 20 世纪 70 年代以来出现的经济停滞和通货膨胀同时并存的“滞胀”局面，使凯恩斯主义的理论和政策陷于困境，各类经济流派再次“百家争鸣”。由此可见，西方经济思想是伴随着资本主义萌芽、产生和发展的过程逐渐形成和不断完善的，具有高度的开放性和包容性。作为宏观调控的可能手段，土地政策参与宏观调控的思想作为经济思想的一个组成部分，是可以纳入经济学的探索范畴的。

经济学中宏观调控目标的多元性。西方经济学理论研究人员，对于宏观调控的目标有很多不同的论述和观点。美国经济学家萨缪尔森指出经济政策有六大目标：充分就业，物价稳定，经济增长，国际收支平衡，收入均等，效率提高。荷兰经济学家丁伯根指出经济政策有五大目标：充分就业和支出最大化，分配公平，平民解放，个人自由和国际和平。英国经济学家米德指出经济政策有三大目标：充分就业，货币稳定和国际收支平衡。而部分经济学家认为在西方发达经济体中，宏观调控应包括“充分就业、物价稳定、经济培长、国际收支平衡”四个目标。2002年，中国提出将“促进增长、增加就业、稳定物价、保持国际收支平衡”作为中国宏观调控四大目标，其与西方发达经济体宏观调控四大目标不仅有字面上的差异，更有着内涵和重点的不同。可见，基于不同发展阶段、不同发展形势、不同地区差异，经济学中宏观调控目标并不统一。各国可基于自身实际情况，确定适合自身的宏观调控目标。宏观调控目标的多元性导致能够在宏观经济结构、宏观经济供给等方面发挥重要作用的土地政策参与宏观调控成为可能。

经济学中宏观调控手段的多样性。首先，宏观调控手段具有包罗性。宏观调控是国家运用计划、法规、政策等手段，对经济运行状态和经济关系进行干预和调整，把微观经济活动纳入国民经济宏观发展轨道，及时纠正经济运行中的偏离宏观目标的倾向，以保证国民经济的持续、快速、协调、健康发展。计划、法规、政策等手段的涵义较为广泛，包括规划引导、政策调控、法律规范、信息导向和行政干预等多个方面。土地政策作为政策调控的一种，可以被纳入宏观调控手段。其次，宏观调控手段具有差异性。20世纪30年代凯恩斯主义盛行以来，西方国家在宏观调控手段的采用上也存在差异。英国、美国等发达国家由于经济发展水平较高、金融市场发达等原因，普遍采用货币政策调控金融市场，进而传导到经济活动中。而日本、德国等发达国家由于产业发展突出、金融市场较为薄弱等原因，普遍采用财政政策、产业政策刺激经济活动。可见不同国家的经济存在特殊性，因而各国可以按照自身经济情况选择适合自身的调控手段。

以“需求调控”为主转向“需求调控和供给调控”并重。基于需求引导供给，调节需求即可传导至供给的经济思想，西方国家一直以凯恩斯主义的需求管理作为盛行的理论和政策取向，宏观调控主要集中在“需求端”发力，通过调节宏观经济的总需求来达到一定政策目标的宏观调控方式，主要表现为财政和货币政策的调整。进入 21 世纪后，西方迫于经济下行的压力和需求调控有效性不足的状况，开始反思单方面需求调控的局限性，探索并提出供给调控的思路。供给创造需求的规律总结，就是探索供给调控的一个具体体现。2013 年之前，我国政府在历次调控中参照西方理论和西方模式，重点推进需求调控。2014 年之后，我国政府根据国家经济运行情况，将“供给管理”提升到与“需求管理”并重的地位，并提出“以提高供给侧效率为重点，着力构建新的内在稳定增长机制”的主张。而土地政策因其特殊的属性，能够在“供给管理”中发挥特殊重要的作用。可见，历史上未能作为宏观调控手段出现的土地政策，未来在以“需求调控”为主转向“需求调控和供给调控”并重的环境下，可能成为重要的调控手段。

4.2.2　土地政策参与宏观调控必要性相关理论

1. 土地市场理论

狭义上的土地市场是指以土地作为交易对象进行交易的场所；广义上的土地市场是指土地这种特殊商品在流通中发生的经济关系的总和。

20世纪70年代开始的中国土地管理制度改革逐步建立了土地使用权的有偿出让、转让制度，构建了中国的土地市场，利用市场机制来配置土地资源。而由于市场机制存在缺陷，单纯依靠市场机制自行调节不一定能使土地市场的运行达到有序与最优状态。为了维护土地市场秩序，必须对土地市场进行宏观调控，以弥补市场机制的不足。

2. 外部性理论

外部性亦称外部成本、外部效应（Externality）或溢出效应（Spillover Effect）。外部性可以分为正外部性（或称外部经济、正外部经济效应）和负外部性（或称外部不经济、负外部经济效应）。由于外部效应的存在，特别是负外部经济效应的存在，政府干预以避免或补偿公共利益或他人利益受损成为必要。土地资源利用具有明显的外部性，可能造成正外部经济效应，也可能造成负外部经济效应。例如区域公共设施的建设会带来区域生活的便利的正外部经济效应，相反部分污染企业厂房的建设对周围居民会产生负外部经济效应。因此，土地利用的外部性使土地调控成为必要。

3. 经济增长理论

经济增长理论是研究解释经济增长规律和影响制约因素的理论。一般认为，国家经济增长受资源（自然条件、劳动力素质、资本数额等）、技术（技术人才、技术设备和技术资料等）、体制（劳动方式、劳动组织、物质和商品流通）、收入分配等方面的制约。土地资源作为重要的战略资源，是重要的生产要素之一。在农业社会发展过程中，农地面积的大小和农地质量的禀赋直接关系到国家和区域经济的发展水平。在工业化初期和中期，能否满足工业快速发展对工业用地的大量需求，成为经济发展最重要的制约因素。在城市化的发展过程中，必然伴随城市建设用地的扩张。经济供给的有限性与土地需求的无限性必然形成矛盾，而调控土地供需促进经济发展在时间上、产业类别上、城乡间、区域间的平衡成为必要。因此，对土地资源的合理调控将直接影响国家或区域经济增长的速度和水平。

4. 地租理论

部分经济学者提出宏观调控的目标中包括经济增长和分配公平。在经济运行中，土地所有者、土地使用权人等土地权利人，通过提出土地生产要素参与经济活动，并通过土地租金参与各要素的收益分配，并通过这种分配来优化平均利润率规律对生产要素的配置，进而对整个经济生活产生调节。简而言之，就土地权利人通过土地租金参与利润分配，区域间土地租金的对比以及土地租金所占额度与其他要素平均利润率的相互关系，调节着区域土地资源投入各行业的份额。各行业的发展直接关系到国家或区域的经济发展水平，反过来使合理调控地租成为必要。另外，土地权利人通过土地租金参与利润分配份额，进一步体现在社会各阶层在社会利润中的分配份额，直接关系到社会产品分配的公平。而土地制度的设计和地租政策的调节成为维护社会公平的必要手段。

5. 公共产品理论

公共产品理论是公共经济学的一项基本理论。根据公共经济学理论，社会产品分为公共产品、准公共产品和私人产品。按照萨缪尔森在《公共支出的纯理论》中的定义，纯粹的公共产品或劳务是这样的产品或劳务，即每个人消费这种物品或劳务不会导致别人对该种产品或劳务的减少。而凡是可以由个别消费者所占有和享用，具有敌对性、排他性和可分性的产品就是私人产品。介于二者之间的产品称为准公共产品。

公共产品应由国家或政府为整体意义上的社会成员提供，而私人产品则可由市场主体自行提供。中国土地使用权同时存在主要采用出让方式供应的商品性质土地使用权和主要采用划拨方式供应的公益性质土地使用权。部分私人土地使用权具有敌对性、排他性和可分性，部分公共土地使用权满足效用的不可分割性、消费的非竞争性和受益的非排他性等特征。因此，中国土地使用权介于纯粹的公共产品与纯粹的私人产品之间，属于准公共产品。作为准公共产品的土地使用权提供，国家与政府作为整体意义上社会成员的代表，应该发挥应有的作用。

6. 社会主义本质与社会公平相关理论

社会主义的本质是解放生产力，发展生产力，消灭剥削，消除两极分化，最终达到共同富裕。首先从过程来看，社会主义的本质要求消灭剥削。地租在本质上体现着土地权利人对劳动者的剥削。在中国城市土地属国家所有，地租的关系反映着国家和投资者的分配关系，但仍然在劳动中存在着雇佣关系和利益分配机制。合理的土地价格或土地租金调节，才能控制资本家对土地所有人（国家或全体人民）、劳动者的剥削程度。其次从目标来看，社会主义的本质要求达到共同富裕。按照资本主义的发展模式，土地私有制下市场主体自由发展、充分竞争，能够实现按资本投入获取回报，但不能实现共同富裕的社会主义目标。土地价格或土地租金作为调节土地收益分配的重要工具，必须成为收入调控、实现共同富裕的重要手段。

4.2.3 土地政策参与宏观调控可行性相关理论

1. 生产要素理论

英国古典政治经济学创始人威廉·配第在其经济著作中指出："土

地为财富之母，而劳动则为财富之父和能动的要素”。他将土地和劳动作为生产的两个要素，成为“生产要素二元论”的来源。后来，英国经济学家亚当·斯密在《国富论》中提出“无论在什么社会，商品的价格归根结底都分解成为这三个部分（即劳动、资本和土地）”，形成了“生产要素三元论”。19 世纪末 20 世纪初，英国经济学家马歇尔在其著作《经济学原理》中将组织作为第四生产要素，与劳动、资本、土地共同构成“生产要素四元论”。20 世纪至今，又有一些经济学家将技术、信息等因素列入生产要素。从以上可以看出，无论生产要素理论如何变化和发展，一般都将土地作为生产要素之一。因此，对土地资源要素加以调节和控制，不仅可以调节土地资源在各部门间的分配与利用，还可以对生产或扩大再生产以及促进经济的持续稳定发展产生重要的影响作用。

2. 土地供需均衡理论

土地供给是在一定技术条件下，可以提供给人类开发利用的各种土地资源的总量，分为土地的自然供给与经济供给两种。土地自然供给指地球所能提供给人类社会利用的各类土地资源的数量，包括已利用的土地资源和未来可利用的土地资源。土地自然供给受到气候条件、土壤质地、可资利用的淡水资源、生产资源以及交通条件等因素的影响，具有固定性和有限性。土地经济供给是土地在自然供给及自然条件允许的情况下，随着土地利用效益的提高而增加的土地供给量。土地自然供给量、土地利用的集约度、地租地价水平、社会发展的需求、交通运输条件和现代科学技术的发展等因素均会影响土地经济供给，因此土地经济供给具有弹性。土地需求是指在一定的历史发展阶段，国民经济各产业部门为了维持其生产活动和人类生活所需对土地需要的总量。随着社会经济的发展，人类社会对土地的需求从简单到复杂、从单一到多样化，具有可变性和动态性。根据土地供需均衡理论，市场机制的作用可以调节土地需求和土地经济供给，通过土地调控排除市场失灵和制度约束情况后，可以达到土地市场的均衡价格与均衡数量。因此，按照土地供需均衡理论，发挥市场调节机制和宏观调控作用，可以实现土地市场的均衡。

3. 地价理论

按照西方经济学理论，产品价格信号在市场经济中起着十分重要的作用。在市场上，如果市场价格高于均衡价格，则市场上出现超额供给，超额供给使市场价格趋于下降；反之，如果市场价格低于均衡价格，则市场上出现超额需求，超额需求使市场价格趋于上升直至均衡价格。另一方面，价格信号所反映的价格运动及市场运行状况，是国家调控市场物价的重要依据。国家可以根据市场物价的最新动向，采取及时有效的调控措施。在社会主义市场经济和土地市场基本建立的条件下，土地市场价格将充当价格信号，在土地市场运行中发挥重要作用。具体表现为由于存在市场参与主体对经济利益的追求，在一定时间内土地的经济供给与其价格存在着极为密切的联系，通常是地价升高，则会引起土地的经济供给增加，地价下降，则会引起土地经济供给的减少。而国家可以通过土地价格信号所反映的价格运动及市场运行状况，采取及时有效的调控措施。

4.2.4 地方政府运用土地政策参与宏观调控相关理论

世界社会结构复杂化导致的分权化趋势。信息时代的到来使得世界各国社会结构出现非群体化、高度差异化、快速动态变化等复杂化的趋向。面对这种复杂化的趋向，高度集中的政府已无能为力，需要进行决策分工，世界各国国家均出现分权化趋势。与世界趋势一致，我国中央与地方关系也在不断调整。中华人民共和国建国到 20 世纪 70 年代末，我国实行的是中央高度集权的计划经济体制。20 世纪 80 年代初，我国开始实行改革开放，在扩大地方自主权上取得了较为明显的进展。在经济管理体制上主要实行下放权力，在财政关系上中央和地方实行上缴包干、超收分成，在行政体制上试行了经济特区、沿海开放城市、开放地区，并明确了计划单列城市和副省级城市的级别和权限，对省和较大城市赋予地方立法权。截至 2010 年年初，地方政府在几轮的体制改革中获得了除人事、组织等权力外，在经济发展、财政分配、资源配置等方面相对较大的自主权。

中国财政政策、资源政策与货币政策的差异。与全国性的垂直管理、统一管理的货币政策不同，中国财政政策、资源政策的地方性很强。在财政关系上，“统一领导、分级管理”是我国处理中央政府与地方政府间财政分配关系所奉行的基本原则，1994 年起施行至今的中央政府与地方政府分税制是具体规范。中国全部财政收入分为中央固定收入、地方固定收入和中央与地方共享收入。中央设立中央税务机构，负责征收中央税和共享税，地方设立地方税务机构，负责征收地方税。因此地方政府凭借地方财政收入自主权，在财政政策方面拥有部分的经济调控能力。在土地资源政策方面，目前中国实行的是“条块结合、半垂直”的土地管理体制。中央政府与省级政府之间是协商式管理，省级政府对下级市、县政府实行控制性管理。除中央政府划定的加强耕地保护、规范土地出让等少量管理红线外，地方政府在土地财政收入、土地财政支出、存量土地开发、土地融资平台等方面拥有较大的自主权。如深圳市属于经济特区，在土地资源政策方面就拥有先行先试、土地立法等权力。

综上，世界社会结构复杂化导致的分权化趋势及中国行政关系的调整从管理理论上为地方政府分享宏观调控权力提供了条件，而中国财政政策、资源政策与货币政策的差异则从经济理论上使地方政府参与宏观调控成为可能。而依据问卷调查结果，认为地方政府运用土地政策参与宏观调控非常必要和有必要的人员比例合计达到68%（见图3-2），配置非营利性用地、重视土地利用外部效应、减小收入差距、促进社会公平等问题均出现在相关调控建议中。因此中国地方政府运用土地参与宏观调控既是必要的，也是可行的。

4.3 地方政府运用土地政策参与宏观调控的优劣势分析

SWOT分析方法是一种根据组织或企业自身的既定内在条件进行分析，找出组织或企业的优势、劣势及核心竞争力之所在的战略分析方法。其中战略内部因素（“能够做的”）：S代表strength（优势），W代表weakness（劣势）；外部因素（“可能做的”）：O代表opportunity（机会），T代表threat（挑战）。地方政府在管理权限内，运用土地政策与中央政府一起参与宏观调控，具有以下优劣势。

4.3.1 土地政策参与宏观调控的优势分析

中国社会主义土地公有制与土地一级市场的垄断性。土地是宝贵的自然资源，同时也是最基本的生产资料。土地的社会主义公有制是中国土地制度的核心，也是中国土地管理法等一系列土地立法的基础。《中华人民共和国宪法》规定，中华人民共和国的社会主义经济制度的基础，是生产资料的社会主义公有制，即全民所有制和劳动群众集体所有制。《中华人民共和国土地管理法》也规定，中华人民共和国实行土地的社会主义公有制，即全民所有制和劳动群众集体所有制；全民所有即国家所有土地的所有权由国务院代表国家行使，农民集体所有的土地依法属于村农民集体所有的，由村集体经济组织或者村民委员会经营、管理；任何单位和个人不得侵占、买卖或者以其他形式非法转让土地（所有权），土地使用权可以依法转让。在社会主义土地公有制的基础上，中国建立了土地一级市场的垄断性供应制度。国家以土地所有者的身份将土地使用权在一定年限内让与土地使用者，并由土地使用者向国家支付土地使用权出让金。土地使用者只能通过一级市场受让或者通过土地二级市场转让才能获得土地使用权。因此，中国国家政府拥有对土地的占有、使用、收益和处分的绝对权力和终极权力，这与西方实行土地私有制的国家存在较大差异，也为中国政府通过土地政策调节宏观经济发展成为优势。

较为完整的土地管理行政架构有利于土地调控分工合作。土地管理部门是依法主管土地保护、开发、利用统一管理工作的政府职能部门。完整的五级土地行政管理体制：国务院土地管理部门是国土资源部，它主管全国土地的统一管理工作；省、市、县级地方人民政府土地管理部门主管本行政区域内的土地的统一管理工作，一般都设置土地管理局；乡级人民政府直接负责本行政区域内的土地管理工作。条块结合的半垂直管理机制：省级以下基层土地部门的用地审批权和领导干部的人事权由地方党委管理为主，改为由上级国土部门管理为主；省到中央并不垂直管理；省以下垂直管理，目标是强化省级人民政府及其国土资源主管部门的执法监察职能，不断加强土地资源管理，落实最严格的耕地保护制度，同时防止和纠正地方保护主义，营造公平竞争的经济发展环境。由于土地管理的专业性质，各地各级土地管理部门均设立或管理着一系列事业单位，辅助开展一系列的土地管理技术工作，如测绘机构、规划编制机构、土地开发机构、土地储备机构、土地交易机构、土地登记机构、土地评估机构、土地信息机构、土地研究机构等等。完整的五级土地行政管理体制、条块结合的分工协作决策机制、完备的土地管理技术服务机构均为中央政府与地方政府共同参与土地调控创造了较好条件。

土地政策具有较大的关联性和带动性。土地直接相关行业（指利用土地进行生产或土地在生产中起主导作用的行业），包括农业、林业、畜牧业、渔业、采矿业、房地产业等行业；土地间接相关行业（指土地在生产中起作用但非主导），包括建筑业、钢铁制造业、建材业、化工业、交通业、家电业、装饰业、卫生业、社会保障业、水利业、公共设施业、环境业等等。增加土地供应的规模，将直接带动住宅业、金融业、工业、商业等行业的发展，进而带动信贷业、水泥、钢铁、房地产、电力、交通运输等行业的发展。特别是土地政策直接影响房地产行业，而房地产行业属于国民经济重要产业，其对宏观经济增长起到较大支撑作用。房地产业直接对建筑业、房地产中介和物业管理以及建材工业，间接对建筑材料及其他非金属矿物制品业、金属产品制造业、化学工业、炼焦、煤气、机械设备制造业及石油加工业、采掘业会产生巨大的“拉动效应”。因此，土地政策的较大关联性和带动性使土地政策参与宏观调控具有较大优势。

土地政策具有较大的调控与分配功能。在调控经济增长过程中，通过政策措施调节投资的规模、方向影响总供给和总需求，进而降低经济增长的波动幅度，是保持经济的持续、平稳增长的一个重要途径。国民经济各个行业，特别是固定资产投资涉及的各个行业，获得建设用地是投资建设的一个重要环节。土地政策，特别是土地供应的规模、速度和结构，将直接影响固定资产投资规模、速度和方向，进而直接、有效地调控经济增长速度和增长方式。如土地供应规模的增加，将在建设用地稀缺、建设项目排队的条件下，直接增加固定资产投资规模，进而拉动经济的快速上升；提高土地供应的速度，将长期建设计划集中到短期建设计划中，将使短期内固定资产投资剧增，从而拉动短期经济发展突然加快；调整土地供应的结构，压缩不适应国民经济发展的行业和部门，增加新兴行业和民生行业的用地规模，可以优化经济结构，促进经济向良性发展。国家作为土地所有者，在每个行业、每个机构通过收取土地出让金（土地租金）、土地税费参与各项经济活动的收益分配。由于土地租金参与利润分配的份额，体现着社会各阶层在社会利润中的分配份额，直接关系到社会产品分配的公平，需要国家进行分配调节。而中国国家政府在对每个行业、每个机构、每项经济活动通过收取土地出让金（土地租金）、土地税费的同时，可以通过针对各类行业、各类机构、各种经济行为设置不同的土地出让金（土地租金）类别、土地税费类别，从而达到调节分配的直接效果。

4.3.2　土地政策参与宏观调控的劣势分析

中国土地市场不够规范。虽然经过了 30 余年的发展，中国的土地市场依然存在较多不规范的地方。部分地区产权混乱是土地市场不规范的第一个表现。产权清晰是市场交换顺利进行的前提。而在中国，部分农村地区有地无证、有证无地、一地多证、一证多地、无地无证等现象普遍，土地权属关系十分混乱；在部分城市，城中村、小产权房包围或侵占着城市土地，使城市国有土地上土地产证数据、土地合同数据、土地批复数据、支农土地数据、支工土地数据等混杂在一起，土地确权困难。混乱的土地产权关系严重制约着土地市场交易的顺利进行。市场配置不足是土地市场不规范的第二个表现。土地作为一种极其重要、基础的生产要素，其市场化配置是市场经济的必然要求。目前在中国国有土地供应制度中，划拨、协议与招标、拍卖、挂牌等出让方式并存，划拨、协议出让仍占相当比重，市场配置制度在全部的国有土地供应中尚未全面确立。划拨用地的对象范围主要集中在行政、军事等公共或公益性单位的用地，但其用地规模与用地位置均有待进一步评估。协议出让在部分产业用地、半经营性用地中大量存在，且在很大程度上都由政府定价，带有较强的行政色彩，土地使用权的价值并没有在市场上体现出来，未能充分体现公开、公平、公正的市场配置法则。市场配置不足严重制约着土地市场配置的有效性。另外，政府职能缺位与越位、政策法规不够齐全、行业机构自治能力较弱、法治环境不佳等均在不同程度上体现着中国土地市场运行的不规范。上述种种土地市场不规范现象，将在土地政策参与宏观调控过程中，迟滞或削弱宏观调控的效果。

缺乏系统化的土地调控理论基础与实践架构。无论是在中西方，土地政策参与宏观调控均是一个新生事物，这就导致中国探索土地政策参与宏观调控既无前瞻性的理论思想作为指导，也无现成的实践经验可供借鉴。而中国自身在土地政策参与宏观调控的探索过程中，虽然付出了较多的人力、物力与财力（已形成了较多的文献研究成果，也有部分政策和部分地区投入实践），但成果有限。前期的理论研究主要集中在土地政策参与宏观调控必要性的探讨、土地政策参与宏观调控可行性的研究、土地政策参与宏观调控机制的探索等方面，而土地政策参与宏观调控工具群的集成化研究、土地政策参与宏观调控系统性研究、土地政策参与宏观调控全程模拟研究、土地政策参与宏观调控效果跟踪与评价调整研究等方面均有待进一步探讨。前期的实践探索主要是单个政策独立式、突击式、试水性的投入，如 2010 年中国国土资源部“紧缩地根”行为，区域、种类、阶段“一刀切”的现象明显，也严重伤害了部分地区的经济发展。系统化的理论基础和系统化的实践架构都未建立，严重制约着土地政策参与宏观调控的实践水平。

4.3.3　土地政策参与宏观调控的机遇分析

市场经济的建设迫切需要发挥宏观调控的重要作用。中国正在大力推进市场化建设，努力发展社会主义市场经济。1949 年中华人民共和国成立后，中国逐步建立了高度集中的计划经济体制。随着中国经济的发展，高度集中的计划经济体制的弊端逐渐显露出来，在一定程度上阻碍了社会主义社会生产力的发展。1978 年，中国开始实行改革开放，公有制基础上的有计划的商品经济观念开始深入人心。1992 年，中国政府科学总结改革开放以来的实践经验，明确提出建立社会主义市场经济体制的目标。30 年来，中国经济持续性的快速增长，国民经济总值逐步增长至世界前列，显示了社会主义市场经济的优越性。2011 年，《国民经济和社会发展第十二个五年规划纲要》提出，中国将加快改革攻坚步伐，完善社会主义市场经济体制。可见在未来一段时期内，社会主义市场经济依然是中国经济发展的方向。《国民经济和社会发展第十二个五年规划纲要》同时指出，中国将加强和改善宏观调控，巩固和扩大应对国际金融危机冲击成果，把短期调控政策和长期发展政策有机结合起来，加强财政、货币、投资、产业、土地等各项政策协调配合，提高宏观调控的科学性和预见性，增强针对性和灵活性，合理调控经济增长速度，更加积极稳妥地处理好保持经济平稳较快发展、调整经济结构、管理通胀预期的关系，实现经济增长速度和结构质量效益相统一。可见，中国在推进社会主义市场经济建设的同时，正在不断强化宏观调控的重要作用，含土地政策在内的各种宏观调控手段将有广阔的舞台。

财政政策、货币政策等经典调控手段在中国宏观调控中存在局限性。我国经济的发展与工业化、城镇化同步，速度较快，具有与西方发达国家较多的不同点。在环境日益复杂、竞争日趋激烈的经济形势下，我们发现传统的财政政策、货币政策等宏观调控政策，在某些情况下表现出局限性。财政政策是指国家根据一定时期政治、经济、社会发展的任务而规定的财政工作的指导原则，通过财政支出与税收政策来调节总需求。国家通过增加政府支出，可以刺激社会总需求，从而增加国民收入，反之则压抑社会总需求，减少国民收入。同理政府通过增加政府税收，可以抑制社会总需求从而减少国民收入，反之，则刺激社会总需求增加国民收入。中国存在特殊的国情：由于历史、文化及其他方面的原因，我国居民的边际消费倾向偏低，直接影响了扩张性财政政策在拉动内需时的作用；政府实行扩张性财政政策的同时引起利率市场上利率上升，导致民间部门投资减少（“挤出效应”）；财政政策在执行过程中出现变化。由于上述原因，西方普遍实施的财政政策在中国的作用大打折扣。货币政策是指政府或中央银行为影响经济活动所采取的措施，尤指控制货币供给以及调控利率的各项措施，用以达到特定或维持政策目标——比如，抑制通胀、实现完全就业或经济增长。中国存在特殊的国情：随着全球化的加速，在一定程度上影响了中国货币政策的独立性，进而影响了货币政策调控的效果；中国利率市场化不够、金融机构不健全的现象普遍而长期存在，导致货币政策效力减弱、被扭曲。财政政策、货币政策等经典调控手段存在局限性，而中国现阶段面临的国际国内经济形势复杂而严峻，积极探索另外一种政策工具加强宏观调控成为必然要求。

新科技革命的广泛影响。科技革命是科学革命和技术革命的合称，表现为新的科学理论体系的诞生、生产工具和工艺过程方面的重大变革。在过去 500 年的时间里，世界上先后发生了多次科技革命，包括工业化革命、电气化革命、电子信息技术革命、新能源与新材料革命等，使世界发生了翻天覆地的变化。目前，人类现代文明发展提出的多方面需求与现代生产迅速发展提供的全方位供给密切结合，为现代高新技术产生和发展提供了的根本动力，新科技革命正在深入影响世界的各个方面。计算机技术、数据库技术、卫星遥感技术、物联网技术、云计算技术、数据挖掘技术等新科技革命的分支学科，正在取得日新月异的进步。上述技术的成果将推动土地信息化和土地“大数据”的快速发展，直接为土地调查、土地监测、土地信息存储、土地信息处理、土地信息挖掘、土地信息评估、土地信息预警等方面提供强大的技术支持，进而为土地政策参与宏观调控提供强大的技术基础。

4.3.4　土地政策参与宏观调控的挑战分析

市场经济环境有待进一步优化。在市场经济体系中，市场机制与宏观调控有一定的界限。市场机制的自行调节在市场经济体系中发挥着主要作用，通过自行调节尽可能实现资源要素的最优配置，从而实现经济效率最大化。宏观调控仅在市场经济体系中起着补充作用，仅在市场失灵情况下发挥效力。其实质含义是，市场经济体系主要靠良好的市场氛围来推动经济的发展，宏观调控只起着保驾护航的作用。而中国社会主义市场经济刚刚建立，虽然经济市场化的深度与广度都在不断增强，但市场经济环境还未达到正常状态。依据北京师范大学经济与资源管理研究院发布的《2008 中国市场经济发展报告》，2004—2006 年中国经济市场化指数分别为 73.3%、78.3% 和 77.7%，与 2001—2003 年的测算结果相比，中国经济市场化改革取得了明显进展，各领域的市场化改革著有成效。但即使到了 2005 年，中国经济自由度指数在 130 个排名的国家和地区中仍然名列第 86 位，属于发展中的市场经济国家。从现实来看，中国土地、金融、燃料、原料等市场化程度依然较低、市场秩序仍较为混乱、市场机制依然不够健全，地方竞争与地方保护造成各地经济割据，损害着统一市场的效率。市场经济环境未达到较高水平，将直接影响土地政策参与宏观调控的角色定位和作用效果。

政府职能有待进一步转变与行政机构有待进一步改革。基于市场经济体系中市场机制与宏观调控的分工定位，政府在市场经济中应做好职能定位。目前部分行政机关在行政过程中，“越位”和“缺位”的情况均时常发生，不能适应经济社会发展的客观需求。中国国务院总理李克强指出，转变政府职能，就是要解决好政府与市场、政府与社会的关系问题，通过简政放权，进一步发挥市场在资源配置中的基础性作用，激发市场主体的创造活力，增强经济发展的内生动力；就是要把政府工作重点转到创造良好发展环境、提供优质公共服务、维护社会公平正义上来。也就是说，既要把该放的权力放开放到位，又要把该管的事务管住管好。基于市场经济体系中宏观调控的重要作用，行政机构设立必须科学化，以更好地承担起宏观调控职能。原国家主席胡锦涛在十七大报告中指出，应加大机构整合力度，探索实行职能有机统一的大部门体制，健全部门间协调配合机制；精简和规范各类议事协调机构及其办事机构，减少行政层次，降低行政成本，着力解决机构重叠、职责交叉、政出多门问题；统筹党委、政府和人大、政协机构设置，减少领导职数，严格控制编制；加快推进事业单位分类改革。就未来一段时间内，中国政府职能转变与行政机构改革仍在进行中，将在一定程度上制约土地参与宏观调控的政策贯彻力度。另外，上下级土地行政管理机构的职能分工、协作体系也需进一步优化。

经济全球化对中国宏观调控水平的严峻挑战。总体来看，由于中国经济发展处于起步与上升阶段、中国市场机制建设处于逐步完善阶段、国内宏观经济运行相对稳定、国际收支未引发广泛关注等原因，中国近年来的宏观经济政策主要表现为侧重于对国内均衡的追求，并发挥了较为积极的作用，较有效地实现了国内经济的稳步增长。随着中国经济参与全球化的程度不断加深，涉外经济活动在国民经济活动中所占比重不断提高，进出口贸易、跨国投资、国际金融、跨国旅游、跨国服务承包、国际运输等全球化经济行为日趋频繁。中国的国民收入在参与经济全球化过程中得到了飞速的增长，中国企业在国际竞争中占据了一席之地，中国的综合国力与发达国家的差距正在逐渐缩小。但是，随着中国参与经济全球化的深入，其他国家、其他国家的企业、世界贸易的相关组织对我国宏观调控产生一系列的影响。首先，无论是其他国家，还是其他国家的组织或企业机构，经济全球化参与的目标均是为自身获得利益或者超额利益。对参与经济全球化的各个国家来说，与外部经济的联系对该国经济的运行有着重大影响。各国面临着对本国经济内在稳定性和合理开放性之间的协调问题，当内在稳定性受到威胁时，可能选择调整对其他国家的开放力度。其次，其他国家的企业参与经济全球化，实质上是利用全球资源进行商业活动。国家贸易安全、经济安全、金融安全、社会安全将在跨国企业的全面扩张中面临威胁，宏观调控的任务不断增加。第三，随着中国参加一系列的国际贸易协议，中国宏观调控的主要手段，包括财政政策、货币政策和直接行政措施都将受到世界贸易规则的直接或间接的约束。适应这些规则与约束的新要求，必须改变宏观经济调节模式，在达到宏观调控目标的同时，不违反这些国际贸易规则。由此可见，经济全球化带来的一系列新变化，将是中国宏观调控水平的严峻挑战。

4.3.5 土地政策参与宏观调控的优劣势综述

综合上述分析，土地政策参与宏观调控在内部既具有中国社会主义土地公有制、土地一级市场的垄断性、完整的土地管理行政架构与服务机构、土地政策较大的关联性和带动性、土地政策较大的调控与分配功能等优势，也存在土地市场不够规范、土地调控理论基础与实践架构系统化不足等劣势；在外部环境上，既存在着市场经济的建设迫切需要发挥宏观调控的重要作用、财政政策与货币政策等经典调控手段存在局限性、新科技革命带来的技术支持等机会，也存在着市场经济环境有待进一步优化、政府职能有待进一步转变、行政机构有待进一步改革、经济全球化的严峻挑战等一系列威胁，如图 4-1 所示。

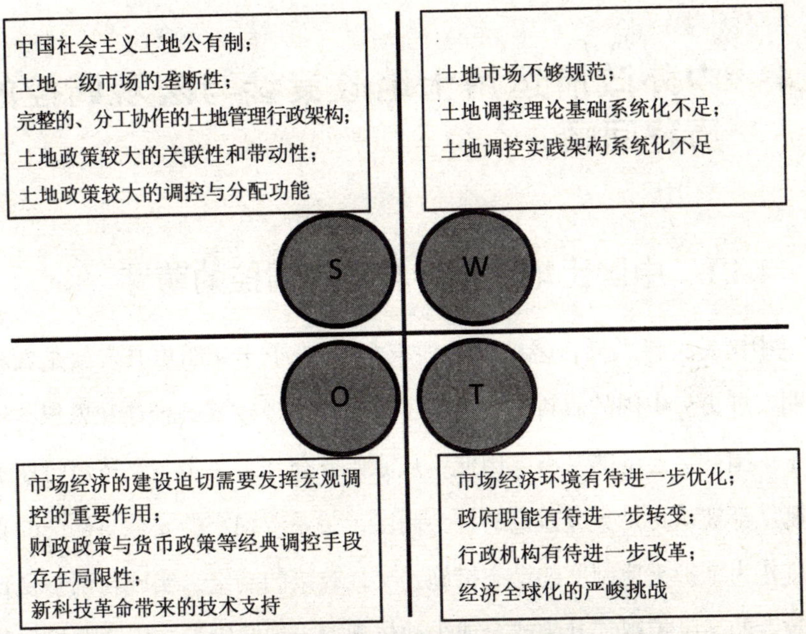

图 4-1　土地政策参与宏观调控的优劣势一览表

但从总体来看，随着中国市场化建设的持续、政府职能的理顺与行政机构的改革，土地市场不够规范、市场经济环境有待进一步优化等土地政策参与宏观调控不利因素将不断减弱并最终被克服，而在系统化的土地调控理论基础与实践架构基础上，社会主义土地公有制、土地政策较大的关联性和带动性、土地政策较大的调控与分配功能、新科技革命带来的技术支持等土地政策参与宏观调控有利因素的作用将不断上升。而依据问卷调查成果，认为中国地方政府运用土地参与宏观调控优势大于劣势的人员比例达到了 63%（见图 3-3）。因此在目前的宏观形势发展条件下，土地政策参与宏观调控的有利因素能够克服不利因素，土地政策能够在宏观调控中发挥越来越重要的作用。

4.4 中外政府运用土地政策参与宏观调控的历程回顾

4.4.1 中国土地政策参与宏观调控的萌芽

中国是世界上最古老的农业国家之一，五千年文明史其实就是农耕文明发展史。中国的农耕文明孕育了丰富的土地政策的理论和思想，构筑了中国社会经济的基石。因此，从原始社会到新民主主义革命时期土地制度都被认为是十分重要的社会制度，关系着国家的安危与社会的兴衰。作为维护土地制度的动态措施，土地政策的制定、实施与调整受到当政者的高度重视，其中或多或少地体现着土地政策参与宏观调控的萌芽思想。

原始社会实行土地共有制，土地属于当地氏族或部落全体人员共同所有。氏族或部落全体人员共同拥有或委托氏族首领行使占有、使用、收益和处分土地的权利，以保证氏族或部落全体人员的生存与发展。与土地共有制相对应，原始社会的土地政策是氏族或部落全体人员共同捍卫领地，共同利用土地进行生产（采集、渔猎、种养等），共同拥有并按需分配生活资料。原始社会生产力水平较低，土地生产资料不足，或者分配不均等因素，均可能给本氏族或部落带来灭顶之灾。因此，氏族或部落首领与族长带领全体成员与外部其他氏族或部落生死相搏，与内部企图私自占有土地的成员残酷斗争，避免成员因生产与生活资料不足而不能生存。

封建社会是以自然经济为主的农业社会，土地是最主要的生产资料，土地所有制是封建社会生产关系的核心。在中国，地主占有制是占支配地位的土地所有制形式。封建的统治阶级——地主、贵族和皇帝，拥有最大部分的土地，而农民则很少有土地，或者完全没有土地。与地主占有制占支配地位的土地私有制相对应，土地主要集中在地主阶级手里，占人口绝对多数的农民只有很少或根本没有土地。封建社会里农业人口占绝大多数，农民的土地问题是个重要问题。如地权平均分与农民，则数年即可国富民殷。如土地集中于巨富官绅，农民失所流离，则生产力遭到破坏，很容易酿成大规模农民起义。因此在封建体制内与体制外，均出现了反对地权垄断、优化土地政策的思潮和实践。春秋时期管仲云："地者，政之本也，是故地可正政也"、"理国之道，地德为首"。封建体制内，魏唐为反对地权垄断、保证国家赋税来源而实行均田制，明朝通过清丈田亩，抑制豪强兼并土地来保证农民的土地生产资料（《鱼鳞图册》与"一条鞭法"）等；体制外，唐末黄巢起义军提出"均平"的政治口号，宋代起义农民提出"均贫富，等贵贱"的改革思想，明朝李自成起义提出"均田免赋"的革命纲领，清朝太平天国起义颁布《天朝田亩制度》的政策文件。可见，无论是在封建体制内与体制外，土地制度与土地政策均被看作是维护或反对封建社会生产关系的核心，均被看作是维护或反对封建社会经济政治的核心。

1905 年的《同盟会宣言》（即《民报》发刊词），中心内容是四条纲领性的口号："驱除鞑虏，恢复中华，创立民国，平均地权"。"三民主义"中民生主义最重要之原则有两个，一为平均地权（实行耕者有其田），二为节制资本（私人不能操纵国民生计）。虽然同盟会纲领与"三民主义"均提出进行土地改革，但在旧民主主义革命中一直未能实施。1929 年，民国政府颁布的《民法典》基本沿袭了传统的土地私有制。

1930年，蒋介石为首的民国政府在取得对中国南北军阀战争的胜利后颁布了《土地法》，将国家的土地分为“私有土地”和“公有土地”两大类，其主要立法精神依然是重申对土地私有权的保护。旧的土地制度与土地政策不能动员广大人民参与民主革命，在一定程度上削弱了旧民主主义革命反帝反封建的力量，降低了革命成功的概率。

新民主主义革命时期，土地革命是其中的重要内容。中国共产党连续颁布了《井冈山土地法》《兴国土地法》《中国土地法大纲》等多个土地制度方面的法律文件。在实践上，新民主主义革命废除了封建剥削土地制度，实行耕者有其田。没收地主的土地财产，征收富农多余的土地财产；废除一切祠堂、庙宇、寺院、学校、机关团体的土地所有权和乡村在土地改革以前的一切债务；以乡或村为单位统一分配土地，数量上抽多补少，质量上抽肥补瘦，所有权归农户所有。“土地归农”成为民心趋从和革命成功的关键，可靠保证了人民解放战争迅速取得了胜利。

社会主义革命时期，农村土地改革是“三大改造”中的重要内容。1953年，中国共产党指出：“从中华人民共和国成立，到社会主义改造基本完成，这是一个过渡时期。党在这个过渡时期的总路线和总任务，是要在一个相当长的时间内，基本上实现国家工业化和对农业、手工业和资本主义工商业的社会主义改造”。其中农业的社会主义改造又叫农业合作化运动。中国土地改革基本完成后，获得土地的农民有着极大的生产积极性，但分散、脆弱的农业个体经济既不能满足工业发展对农产品的需求，又有两极分化的危险。中国共产党当时认为只有组织起来互助合作，才能发展生产，共同富裕。到1956年年底，农业社会主义改造在经历了互助组、初级社、高级社三阶段后基本完成，全国加入合作社的农户达 96.3%，我国农业基本实现了农业合作化。中国共产党领导的对农业、手工业和资本主义工商业的社会主义改造，实现了把中国生产资料私有制转变为社会主义公有制的任务。

纵览中国社会的更替，可见不同社会制度的变革，必以土地制度的变革为核心，而同一社会制度内社会经济的调节，必以土地政策的调节为重点。就中国历史来看，“地政”为历代国家机构、政治家、改革家、革命家所重视的程度，无政能出其右。

4.4.2　西方土地政策参与宏观调控的萌芽

在原始社会与封建社会早期，西方与中国的土地制度类似，氏族或部落全体人员共同拥有土地曾经是普遍的方式。而进入封建社会，与典型“亚细亚”社会（如中国、印度、斯拉夫等）地主封建制土地所有制不同，古代西欧社会领主土地所有权普遍存在，土地被分割若干小块，成为封建领主的私有财产。封建社会末期与资本主义社会初期，西欧社会在“庄园制”的基础上，进一步演化形成资产阶级土地所有制，奠定了西方近代资本主义经济的生产基础。与西方土地制度相适应，西方土地政策与中国也有较大不同，但调整土地政策以促进国家宏观经济发展的原理是类似的。西方土地政策参与宏观调控的萌芽大致分为以下四个阶段：

第一阶段主要是西欧封建社会，土地政策的弊端导致经济社会的动荡，土地政策改良的愿景强烈。西欧封建社会土地政策的弊端对西欧封建社会经济的发展形态有重大影响。西欧封建社会的第一个特点是分散大于统一，小国或自由城市遍布疆土，经济相互独立。从希腊城邦、罗马城邦到东西罗马帝国，较为松散的城市联盟勾勒了西方封建社会主要社会形态，而集中专制的统一社会形态一是较少出现，二是持续时间短。城邦之间、城市之间的经济贸易时断时续，相对独立。西欧封建社会的第二个特点是战争频繁，侵略与被侵略斗争不断。西欧封建社会的两大社会特点均与西欧封建土地制度有较大关系。首先，西欧占主要地位的土地“庄园制”与“农奴制”的普遍存在，构成了西欧社会主要的经济基础。庄园经济、社会、管理与军事基本独立，大大小小的庄园、自由城市形成大大小小的联盟。国王与教皇未控制大部分土地并获取地租，从而不能为封建国王提供建立专制的有力经济基础、政治基础与军事基础，小国遍布、分散大于统一的社会形态由此形成。其次，西欧占主要地位的土地“庄园制”导致西欧经济社会的重心在“庄园”，国家或国王的力量较为薄弱。对于“庄园”之间的倾轧、蛮族的入侵、教派的冲突等引发的战争频繁，国家或国王的力量无力维护稳定，战争频繁的西欧封建社会形态由此形成。部分君王看到了城邦分离、土地破碎的弊端，多次尝试进行大范围统一，但成效不大。

第二阶段发生在西欧封建社会末期，国家运用土地政策促进国民经济的增长。西欧封建社会的土地政策虽然没能促进统一、专制、强大的国家经济的发展，但在西欧封建社会末期，在西欧资本主义的萌芽中发挥了特殊作用。“庄园制”以其具有的特点摇身一变为资本主义土地私有制，允许土地自由买卖、允许人口自由流动、实物地租改为货币地租等措施，为资产阶级购买土地修建厂房、购买土地从事规模化种植、购买土地修建商品房等行为奠定了基础。在西欧资本主义的萌芽与发展过程中，土地政策参与国家宏观调控的思想也开始萌芽。1776 年，苏格兰经济学家暨哲学家亚当·斯密发表《国民财富的性质和原因的研究》(简称《国富论》)，他提出土地作为有限的自然资源，在边际报酬递减规律的作用下，由于其经济供给有限而成为经济增长的制约因素。与此思想相适应，国家扩充有效用地（土地经济供给）供资本主义发展就成为必然。15 世纪末至 16 世纪初，在欧洲政（王室）府的支持下，欧洲直通印度新航线、欧洲直通美洲大陆的航线，以及环球航行的航线逐步建立（俗称“地理大发现”），海外殖民地的广泛建立，既为资本主义的发展提供规模化种植业、工厂与工业用地、商业用地，也为资本主义的发展提供了广泛的人力资源和产品市场。18 和 19 世纪，英国议会通过大量圈地的法案，英国新兴的资产阶级和新贵族通过暴力把农民从土地上赶走，强占农民份地及公有地，剥夺农民的土地使用权和所有权，限制或取消原有的共同耕地权和畜牧权，把强占的土地圈占起来，变成私有的大牧场、大农场。英国政府土地政策，实质上促进了英国毛织业、羊毛出口业等资本主义工商业的迅速增长。德意志、法国、俄国和丹麦等国家相继在 18、19 世纪通过政府法令实行圈地运动，捷克和波兰在 1918 年以后也推行了圈地运动。

第三阶段发生在西欧资本主义大发展时期，资本主义的弊端开始显现，土地政策开始被无产阶级作为阶级斗争的工具，而资本主义国家也开始调整土地政策以缓解经济社会矛盾。西欧资本主义的大规模发展与弊端充分暴露后，土地政策开始演变为无产阶级批判资产阶级的工具。19 世纪初，英国思想家罗伯特·欧文，法国思想家昂利·圣西门、沙利·傅立叶深刻批露资本主义社会的罪恶，生产力的大发展将导致资本主义的灭亡。1848 年马克思、恩格斯在对资本主义制度深刻揭露和分析基础上，发表《共产党宣言》，指出劳动不再能变为资本、货币、地租。1867 年后，卡尔·马克思出版了《资本论》第一卷、第二卷、第三卷，他指出资本用自己的不变资本，即生产资料吮吸尽可能多的剩余劳动；剩余劳动是剩余价值的源泉；土地是不变资本的一种，地租是由超额利润转化的。1871年3月18日，法国巴黎的工人举行武装起义，成立了人类历史上第一个无产阶级专政的政权——巴黎公社。巴黎公社成立后，即采取了许多使劳动人民彻底获得解放的重大政治措施，如限制和剥夺资本主义企业、改善工人群众的生活状况和劳动条件、照顾城市贫民和其他城乡劳动者等等。1917年俄国爆发十月革命，建立了世界上第一个社会主义国家。在全俄工兵代表苏维埃第二次代表大会上，苏维埃政权颁布了《土地法令》，规定没收地主土地，实行土地国有化，分配给劳动者使用，以争取广大农民的支持。在俄国十月革命的鼓舞下，1918年1月芬兰爆发社会主义革命，1918年11月德国爆发革命，1919年3月匈牙利爆发革命，1919年6月斯洛伐克爆发革命，1920年7月波兰爆发革命。反对资本主义剥削的社会主义革命在欧洲大地上风起云涌，史称“欧洲革命风暴”。“欧洲革命风暴”中各革命党，特别是社会主义性质的革命党，大部分都提出了类似俄国的反对土地剥削的改革条款。

第四阶段发生在资本主义成熟期，资本主义的固有矛盾导致土地投机和经济危机的频繁发生，土地利用已广泛影响到社会、经济、环境等各个方面，国家开始调整土地政策以调节国民经济稳定发展。1924年，美国经济学家理查德·T. 伊利和爱德华·W. 莫尔豪斯发表了《土地经济原理》，其中指出土地利用的社会目标应该包括财富的生产与分配的平衡、自然资源的保护、增加有赖于土地利用的生活乐趣，而不仅仅是为了资本家的私利。20世纪60、70年代，土地利用的负外部效应，特别是一系列环境污染造成对居民生活的严重影响，陆续引发世界的关注并推动环境保护运动的开展。1962年美国学者雷切尔·卡逊出版了《寂静的春天》，1968 年美国学者奥尔多 · 利奥波德发表《沙乡思考》，1971 年美国学者巴里 · 康芒纳 (Barry Commoner) 在《封闭圈》，1972 年英国经济学家 B. 沃德和美国微生物学家 R. 杜博斯组织的 58 国 152 名专家，发表《只有一个地球》报告等，推动了合理利用土地和世界性环境保护的浪潮。1989 年，日本经济学家野口悠纪雄出版了《土地经济学》，指出日本城市用地不足，以及大量的土地投机行为，造成了土地价格特别是大城市中的地价迅速上涨；城市地价的上涨与经济的发展密切相关，战后日本地价迅速上涨造成日本经济社会出现了一系列的严重问题；一系列正确的土地政策，才能解决日本面临的土地问题和经济社会问题。日本政府颁布《地价公示法》，从自然及社会条件观察，在有类似利用价值的区域中，选择土地利用状况、环境等有代表性的地块视为标准宗地，日本土地鉴定委员会审查并确定标准宗地的价格后，每年 4 月 1 日对标准宗地的有关地价资料进行公示，从而监测并指导区域土地价格的变动。2006 年开始，美国开始爆发次贷危机（又称次级房贷危机、次债危机），它是因美国次级抵押贷款机构破产、投资基金被迫关闭、股市剧烈震荡引起的风暴，进而使全球主要金融市场隐约出现流动性不足的危机。美国政府不当的房地产金融政策、金融衍生品的“滥用”、货币政策的失误被指为美国次贷危机的根源。为应对危机，美国政府最先开始实施宏观调控。2008 年 8 月，美国财政部和美联储被迫接管美国房贷两大巨头。2008 年 10 月 3 日，布什政府签署了总额高达 7000 亿美元的金融救市方案。同时美国启动了财政政策改革、货币政策改革、房地产政策改革来调节宏观经济。

4.4.3 现代中国土地政策参与宏观调控的缘起与发展

1. 现代中国宏观调控的历程

从 1949 年中华人民共和国成立到 1978 年，中国逐步建立并一直施行高度集中的计划经济体制，主要依靠行政手段对国家经济进行直接控制，基本不存在经济学意义上的宏观调控。从 1978 年开始，中国开始推行改革开放的战略，尝试运用市场经济规律推动经济发展，宏观调控也随着经济的发展而引入。现代中国宏观调控的历程大致分为以下四个阶段：

第一阶段 :1978 年—1992 年，属于社会主义市场经济的探索阶段。1978 年中国开始从计划经济开始向市场经济转轨，理清计划与市场的关系、探索和建立社会主义市场经济是摆在中国最高决策机关面前最重要的任务。1978 年李先念同志在国务院务虚会作总结时提出了“计划经济与市场经济相结合”的口号。1980 年初夏，经济学家薛暮桥在为国务院体制改革办公室起草的《关于经济体制改革的初步意见》中明确指出 :“我国现阶段的社会主义经济，是生产资料公有制占优势，多种经济成分并存的商品经济。”“我国经济改革的原则和方向应当是，在坚持生产资料公有制占优势的条件下，按照发展商品经济的要求，自觉运用价值规律，把单一的计划调节改为在计划指导下，充分发挥市场调节的作用。”1992 年国务院在北京召开全国经济体制改革工作会议，时任国务院总理李鹏在会上指出 : 改革的方向，是建立起社会主义有计划的商品经济新体制和计划经济与市场调节相结合的运行机制。邓小平南方讲话进一步确定了建立社会主义市场经济的总体方向。在此阶段中，宏观调控尚未提上日程，主要有两个方面的原因 : 一是市场经济尚未充分发展，市场经济的弊端也未充分暴露，因此宏观调控尚无用武之地；二是计划的力量还相当强大，行政机关习惯了用行政手段来管控经济中出现的问题。虽然社会主义市场经济探索阶段未能重视宏观调控，但它为社会主义宏观调控的探索与体系建立创造了条件。

第二阶段：1993 年—2003 年，属于社会主义宏观调控的探索阶段。1993 年开始中国经济开始快速增长，经济过热现象随之出现。开发区热、房地产热、股票热、债券热、期货热等经济泡沫接踵而至，通货膨胀率开始持续上升。1993 年—1996 年中国政府开始尝试运用宏观调控政策，降低经济热度和高通货膨胀率。具体途径是实行适度从紧的财政政策、货币政策，使国民经济实现“软着陆”。1997 年，亚洲金融危机从泰国开始爆发，之后进一步影响了邻近亚洲国家马来西亚、新加坡、日本和韩国等地的货币、股票市场和其他的资产价值，打破了亚洲经济急速发展的景象。亚洲一些经济大国的经济开始萧条，一些国家的政局也开始混乱。此次危机中，中国实行了比较谨慎的金融政策，采取了的一系列防范金融风险的措施，在危机中未受到直接冲击，金融和经济继续保持稳定，同时中国政府再次尝试运用宏观调控政策，促进经济的稳定和增长。具体途径是将适度从紧的财政政策、货币政策转向积极有限扩张，扩大内需，使国民经济保持稳定增长。社会主义宏观调控的探索阶段，为社会主义宏观调控体系的建立奠定了基础。

第三阶段：2003 年—2012 年，属于社会主义宏观调控体系的建立阶段。2003 年 10 月，中国共产党第十六届中央委员会第三次全体会议通过了《中共中央关于完善社会主义市场经济体制若干问题的决定》。该决定首先总结了十一届三中全会以来中国经济体制改革历程，并认为中国经济体制改革在理论和实践上取得重大进展；社会主义市场经济体制初步建立，公有制为主体、多种所有制经济共同发展的基本经济制度已经确立，全方位、宽领域、多层次的对外开放格局基本形成。其次，该决定指出中国下一阶段的任务和目标是完善社会主义市场经济体制，其中建设统一开放竞争有序的现代市场体系、完善宏观调控体系是其中的两个重要任务。此次会议首次将完善宏观调控体系提高到与建设社会主义现代市场体系同等地位，标志着社会主义宏观调控进入正式推进阶段。中国政府在2003年突然提高完善宏观调控的地位，是与当时的国际国内经济社会形势密切相关的。随着中国加入并适应世界贸易组织（WTO），中国经济逐步融入到世界经济里面，世界经济形势对中国经济的影响日趋深入。国内经济也一路飙升，过热现象不时示警。针对上述现象，中国政府虽然继续保持“稳健货币政策和积极的财政政策”这种提法，但重协调、重结构的涵义越来越明显。2007年，美国次贷危机爆发，美国大量次级抵押贷款机构破产、投资基金被迫关闭、股市剧烈震荡，包括通用汽车、福特汽车、克莱斯勒三大汽车公司等实体经济受到较大冲击，实体产业危在旦夕，美国、欧盟和日本等世界主要金融市场均出现流动性不足危机。此次危机中外贸环境逐渐恶化，中国因经济较高外贸依存度而影响较深。危机发生后，中国政府宣布实施适度宽松的货币政策和积极的财政政策，并出台了投资规模达4万亿元的扩大内需、促进增长的十大措施。坚强的调控决心和有力的调控手段，使得中国总体经济未出现大幅波动，实现了平稳较快增长，也标志着中国社会主义宏观调控体系的基本建立。

第四阶段：2013年至今，属于社会主义宏观调控的完善阶段。2013年11月，中国共产党第十八届中央委员会第三次全体会议通过《中共中央关于全面深化改革若干重大问题的决定》。会议认为经济体制改革是中国全面深化改革的重点，核心问题是处理好政府和市场的关系，使市场在资源配置中起决定性作用和更好发挥政府作用。具体来说，一方面必须积极稳妥从广度和深度上推进市场化改革，大幅度减少政府对资源的直接配置，推动资源配置依据市场规则、市场价格、市场竞争实现效益最大化和效率最优化；另一方面，健全以国家发展战略和规划为导向、以财政政策和货币政策为主要手段的宏观调控体系，推进宏观调控目标制定和政策手段运用机制化；加强财政政策、货币政策与产业、价格等政策手段协调配合，提高相机抉择水平，增强宏观调控前瞻性、针对性、协同性；形成参与国际宏观经济政策协调的机制，推动国际经济治理结构完善。该文件对社会主义宏观调控目标、理论和实践要求上更多地阐述，标志着中国宏观调控进入完善阶段。在实践上，中国已成为世界第二大经济体即将成为世界第一大经济体、中国对外开放由“引进来”阶段跨越到“走出去”阶段、世界经济复苏缓慢、大国贸易摩擦和金融摩擦日益频繁等情况，将给中国宏观调控带来越来越多、也越来越大的挑战，考验着中国乃至亚洲的智慧。

2. 土地政策参与现代中国宏观调控的历程

土地政策参与现代中国宏观调控的历程大致分为三个阶段：

第一阶段：土地市场调控阶段（2003 年—2006 年）。2003 年至 2004 年，国务院办公厅陆续发布《关于暂停审批各类开发区的紧急通知》《关于清理整顿各类开发区加强建设用地管理的通知》《关于加大工作力度进一步治理整顿土地市场秩序的紧急通知》《关于深入开展土地市场治理整顿严格土地管理的紧急通知》《关于深化改革严格土地管理的决定》等文件，全面清查和整顿规范各类开发区，并加强土地市场秩序的规范化管理。在房地产行业调控中，2003 年至 2006 年中备受各界关注的《关于进一步加强房地产信贷业务管理的通知》"国八条""新国八条""七部委意见"等文件中，土地政策都是重头戏，土地政策在增加居住用地供给、稳定房价等方面发挥了重要作用。虽然在土地市场调控中一直强调经济手段的作用，但大量的行政手段依然是主导且仍具有明显的计划色彩，"重管制、轻引导"是这一阶段的一大特点。例如，2004年对"铁本事件"的处理，以及2006年对"郑州大学城事件"的处理，都是典型的运用行政手段的案例。2003年清理整顿各类开发区的"一律暂停审批"，以及2004年"集中半年左右的时间"实施"三个暂停"等，都是带有明显的计划色彩的土地政策。从实质上看，本阶段的主要特点是围绕土地行业和房地产业的内部调控，而且主要集中在土地供给方面的单手段调控，属于土地市场调控的范畴，是土地参与宏观调控的准备阶段。

第二阶段：土地参与宏观调控实验阶段（2006年—2012年）。从2006年开始，土地调控发生了两个方面的重大变化。一是土地政策手段的复杂化。2006年5月，温家宝总理主持召开国务院常务会议，提出针对房地产泡沫的住房供应结构、税收、信贷、土地、廉租房和经济适用房建设等六项措施，称为"国六条"，开启了2006年房地产调控的大幕。当月，国务院办公厅转发建设部等九部委联合制定的《关于调整住房供应结构稳定住房价格的意见》，出台了涉及土地税收、土地信贷、土地供给等政策，对"国六条"作了细化，即"九部委意见"。二是土地政策手段开始参与国家经济周期调控。2008年由美国的次贷危机引发的全球经济危机爆发后，对大多数国家受到冲击。中国虽然没有在金融上遭受严重危机的冲击，但全球金融危机及经济衰退的影响对中国外贸、投资等方面的冲击和考验也是严峻的。而且中国面临着通胀、通缩、滞胀的三重威胁，形势十分困难。中国政府采取了一系列的举措，用调整产业结构和启动强大的内需来化解此次外需不足造成的经济影响，其中土地政策首次与财政政策、货币政策同等参与，并在稳定经济增长、调整产业结构、调节房地产业发展等方面，发挥了重要作用。从实质上看，本阶段的主要特点是土地政策手段综合化发展，以及土地政策跳出行业范围参与国家宏观调控，已属于宏观调控的范畴，是土地参与宏观调控的实验阶段。

第三阶段：土地参与宏观调控完善阶段（2013 年至今）。中国共产党第十八届三中全会指出：科学的宏观调控，有效的政府治理，是发挥社会主义市场经济体制优势的内在要求；健全宏观调控体系是深化改革的重要任务。健全以国家发展战略和规划为导向、以财政政策和货币政策为主要手段的宏观调控体系，推进宏观调控目标制定和政策手段运用机制化，加强财政政策、货币政策与产业、价格等政策手段协调配合，提高相机抉择水平，增强宏观调控前瞻性、针对性、协同性。土地政策手段作为已开展实验的宏观调控政策手段，一方面将不断加强自身的系统化和科学化，以应对不断严峻的宏观调控任务，另一方面将加强与财政政策、货币政策与产业政策的协同配合，作为一个整体来优化完成的宏观调控任务。

3. 土地政策参与现代中国宏观调控的原因

中国率先开启土地政策参与现代中国宏观调控的大门并不是偶然的，而是有其深刻的原因。具体表现在以下几个方面：

首先，宏观调控需要新的政策手段。西方传统意义上的宏观调控政策，比如财政政策、货币政策等在中国市场环境下出现了较多局限性。虽然近年来中国经济取得了较大发展成就，但市场经济环境仍未达到较好状态，限制了传统意义上的宏观调控政策的作用效果。如在财政政策执行过程中，由于公众对社会保障的担心、对子女教育的重视、传统节约的习惯等原因，中国居民的边际消费倾向偏低，使得拉动内需时扩张性财政政策所起的作用大打折扣；在货币政策执行过程中，不规范的金融秩序、较低的金融市场化程度导致经济过热时紧缩性货币政策不能有效抑制国有企业、地方政府等主体的不良投资，经济萧条时扩张性货币政策不能为大量的民营企业、中小企业提供资金，不能启动民间自主性投资拉动经济增长。而土地财政不合理、房地产泡沫、产业机构不良、区域发展不均衡等宏观经济问题为宏观调控提供了新的难题。部分中国地方政府财政上对土地财政的依赖超过 50%，盲目供地、盲目投资的行为非常普遍；土地投机和房地产投机行为时有发生，房地产泡沫不断扩大，房地产风险不断上升；区域经济发展失衡、收入差距扩大、环境问题突出等问题此起彼伏。上述宏观经济问题或者不受财政政策、货币政策等传统调控手段的制约，或者传统调控手段的作用甚小。因此传统宏观调控政策的局限和新的宏观经济问题都迫切要求新的政策手段。

其次，土地政策手段符合宏观经济手段的条件要求。一方面，土地政策手段符合宏观调控手段的定义。宏观调控是国家综合运用各种手段对国民经济进行的一种调节与控制，各种手段包括经济手段、法律手段及行政手段等。其中经济手段是指国家运用经济政策和计划，通过对经济利益的调整而影响和调节社会经济活动的措施，具体包括财政政策、货币政策、价格政策、税收政策等；法律手段是指国家通过制定和运用各种经济法规来调节经济活动；行政手段是指国家通过行政机构，采取行政命令、指示、指标、规定等行政措施调节和管理经济。依照宏观调控手段的定义，土地政策中土地价格政策、土地税收政策等符合经济手段的定义，土地法规符合法律手段的定义；土地各类管控指标符合行政手段的定义。土地政策手段不仅符合宏观调控手段的定义，而且在中国特色的土地制度下，比财政政策、货币政策更综合、更有力。另一方面，土地政策手段能够达到宏观调控的目标。宏观调控的主要任务是保持经济总量平衡，促进重大经济结构协调和生产力布局优化，减缓经济周期波动影响，防范区域性、系统性风险，稳定市场预期，实现经济持续健康发展。土地政策手段可以通过土地供给量调节、土地供给结构调节、土地税费调节等措施，利用项目用地管控项目投资，进而促进经济增长稳定、经济总量平衡和经济结构优化等宏观调控目标。

最后，土地政策手段的发展阶段与宏观调控的发展阶段的时机契合。土地政策手段的发展以 1978 年改革开放为起点，以 1992 年深化土地改革、2003 年土地市场管控加强、2013 年土地调控地位飞跃为节点，分为土地市场探索（1978 年至 1992 年）、土地市场建立（1993 年至 2002 年）、土地市场调控探索（2003 年至 2012 年）、土地参与宏观调控（2013 年至今）几个阶段。其中土地市场调控探索（2004 年至 2012 年）、土地参与宏观调控（2013 年至今）两个阶段与我国宏观调控体系的建立和完善两个阶段在时间上重合，在内容上互补。土地政策手段的发展阶段与宏观调控的发展阶段的时机契合直接促进了中国在全世界率先提出将土地政策提升到与财政政策、货币政策等宏观调控政策同等的地位。

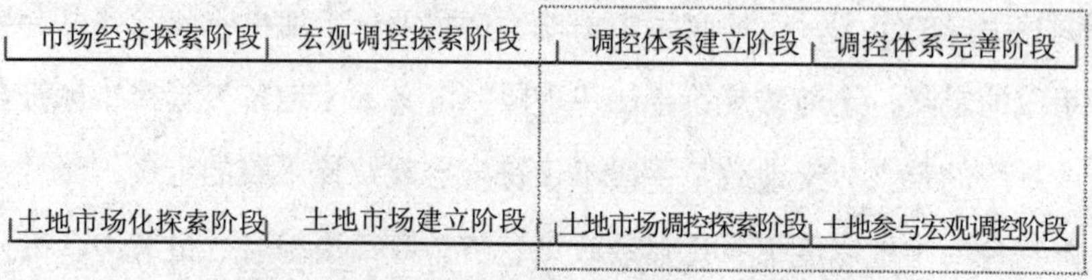

图 4-2　土地政策与宏观调控发展阶段偶合示意图

4.5　地方政府运用土地政策参与宏观调控的目标、原则与机理分析

4.5.1　地方政府参与宏观调控的目标

深圳市土地政策参与宏观调控的目标需要从以下三个层次逐步理解：

中国宏观调控的目标。2002 年 11 月，中国共产党第十六次代表大会提出将“促进增长，增加就业，稳定物价，保持国际收支平衡”作为中国宏观调控四大目标。2013 年 11 月，《中共中央关于全面深化改革若干重大问题的决定》提出中国宏观调控的主要任务是“保持经济总量平衡，促进重大经济结构协调和生产力布局优化，减缓经济周期波动影响，防范区域性、系统性风险，稳定市场预期，实现经济持续健康发展”。

土地政策参与中国宏观调控的目标。目前国内的著作及文献尚未对土地参与中国宏观调控的目标形成统一的意见。笔者参考主要的文献资料，得出土地政策参与宏观调控的目标：国家通过制定和实施土地政策，综合运用经济、法律及行政等手段，调整土地资源供求的总量和结构，以及土地收益分配格局，实现土地总供求的动态平衡和土地税费的公平公正，以此引导经济发展速度、规模和质量，并形成合理的产业结构、经济结构和社会结构，实现国家对经济社会发展的规模、速度、结构和质量的调节和控制，促进国家经济社会的健康协调、持续快速发展。

深圳市土地政策参与宏观调控的目标。参照土地政策参与中国宏观调控的目标，结合《深圳市国民经济和社会发展第十二个五年规划纲要》，笔者总结出深圳市土地政策参与宏观调控的目标：落实中国《国土资源部和广东省人民政府关于深圳市土地管理制度改革总体方案的批复》，制定和实施新的土地政策，综合运用经济、法律及行政等手段，调整土地资源供求的总量和结构，以及土地收益分配，促进深圳市经济发展方式转变取得显著成效，形成具有国际水平的自主创新体系、具有国际竞争力的现代产业体系、更加完善的社会主义市场经济体制、特区一体化的城市发展格局和全体市民共建共享的和谐社会。

4.5.2 地方政府运用土地政策参与宏观调控的原则

尊重市场自行调节的原则。在西方经济学理论中，市场自行调节被称为“看不见的手”，而政府的引导被称为“看得见的手”。“看不见的手”在现代市场经济的发展中起主要作用，但因“市场失灵”导致“看得见的手”在现代市场经济中也逐渐起到重要的辅助作用。发展到现在，西方为同时克服“市场失灵”和“政府失灵”，理论界和政界普遍寄希望于“两只手”的配合运用，以实现经济的优化发展。在社会主义市场经济条件下，市场调节与政府干预的界限一定要清晰。完善社会主义市场经济体系，发挥“看不见的手”的市场自行调节作用，不仅有利于社会主义市场经济的发展，也有利于政府职能的转变。

坚持保障土地供求平衡的原则。供求平衡是指市场商品供应量及其构成与市场上有货币支付能力的商品需求量及其构成之间保持平衡，它是保证社会再生产顺利进行、稳定物价、稳定币值、实现按劳分配的重要手段。土地供过于求，会造成土地价格下跌，土地闲置、低效用地、囤积土地等现象会增加。而土地供不应求，会造成土地价格短期内快速上涨，给土地投机者以可乘之机，由此扰乱房地产市场秩序，影响国民经济的健康发展。因此，在运用土地政策调控宏观经济运行的过程中，要遵循保障土地供求基本平衡的原则，既要加强土地供给的控制，同时还应合理调节土地需求。

坚持经济手段为主的原则。宏观调控手段包括经济手段、行政手段和法律手段等，其中经济手段以其自觉依据和运用价值规律的基础上的经济杠杆调节作用，较为公开、合理和有效而得到认可，成为主要的调节手段。土地政策手段也包括土地经济手段、土地行政手段和土地法律手段，在土地政策手段中，应坚持土地数量、土地价格、土地税收、土地信贷等土地经济手段的调节为主。

渐进性原则。渐进性是相对于激进性而言的。激进性是指不顾一切地去推动激进的运动或改革，而渐进性是在保持稳定的前提下去积极稳妥地推动渐进性的运动或改革。国内外的经验告诫我们，一味地推动激进的改革不但不能顺利推动社会发展，反而可能招致灾难性的社会震荡，整个社会的经济现代化就会随之中断，进而以经济现代化为基础的整个社会变革也将会因此而随之中断。中国经济体制改革吸取国内外渐进性的改革经验，一直坚持渐进性原则。土地政策参与宏观调控，在土地管理制度改革中是一项创新，在经济体制改革中是一项改革。因此，土地政策参与宏观调控也应该坚持渐进性原则，逐步探索与实践。

适宜性原则。首先，由于土地资源、资产的多重属性，土地政策参与宏观调控具有较大的杀伤力，因此土地政策参与宏观调控特别要注意调控力度的控制。在中国土地市场调控探索历程中，就有过“一放就乱、一抓就死”的惨痛教训。未来的土地政策参与宏观调控，要避免土地供应、土地信贷“闸门”的一次性关死，而应该针对市场偏离的严重程度进行调控力度评估，才有利于经济社会的稳定发展。例如在房地产市场调控具体操作中，不应强硬停止房地产市场的发展，而应该通过调整土地供应结构政策，加大住房供应结构优化力度，大力发展中低价位、中小套型普通商品住房，规范和发展经济适用住房、廉租住房，更大程度地满足居民合理的住房需求。其次，中国幅员辽阔，东、中、西部，南方、北方各区域土地资源特点、条件及利用现状均存在较大差异，因此土地政策参与宏观调控不能采取一刀切的方式。比如城市发展已经比较成熟、比较稳定的区域，新增建设用地特别是产业用地供应规模可能要减少，而正在快速发展的区域，新增建设用地特别是产业用地供应规模则需要增加。

分工协作原则。中国中央政府十分重视宏观调控体系的建设，中央土地管理部门也在研究建立全国性的土地调控体系，不定期发布全国性的土地调控政策。基于中央政府与地方政府“半垂直”的土地管理体系，地方政府运用土地政策参与宏观调控时，一是应注意地方政府调控方向与中央政府调控方向保持一致，二是地方政府应以落实中央政府调控政策为第一要务，三是地方政府应在管理权限内实施地方性的土地调控政策。总之，地方政府既要与中央政府“一盘棋”，又要发挥自身能动性，促进地方经济社会的率先发展。

4.5.3 地方政府运用土地政策参与宏观调控的机理

地方政府运用土地政策参与宏观调控的机理是指土地管理或调控部门，通过制定、推行和实施相关的土地政策作用于土地市场，进而影响和调节整体经济运行状况的过程和途径。因此土地政策参与宏观调控是分两步进行的，第一步是土地管理或调控部门制定、推行和实施相关的土地政策会调节土地资源要素在土地市场中的配置，第二步是以土地资源配置的波动带动整个宏观经济的波动。因为土地市场作为生产要素市场的一个类别，在拉动效应下，土地市场波动会导致生产要素市场的波动，进而影响整个宏观经济的波动。

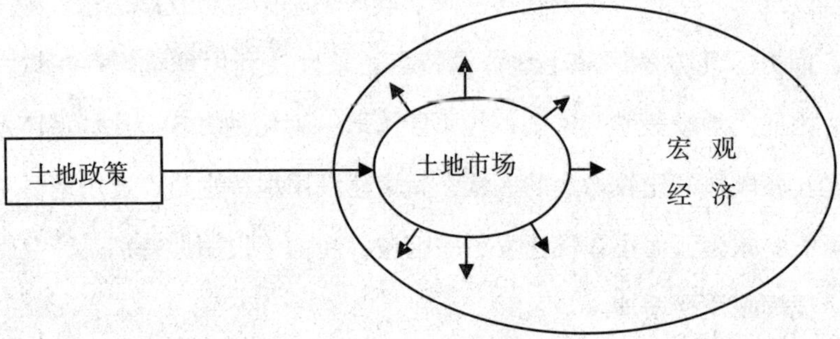

图 4-3 土地政策影响宏观经济示意图

1. 土地政策调节土地资源市场优化配置

土地政策调节土地供给量。现阶段中国通过土地公有制实行土地一级市场垄断模式，政府是土地最主要的供给来源，因此政府对土地供给量的调控可以直接调节土地的供给量。政府供应土地具体是通过增量土地供应和存量土地供应两种方式。增量土地主要指新征来的农村集体土地转化为城市国有土地，然后通过使用权出让或者租赁进入土地市场的土地。在增量土地供应中，中国已经建立了严格的土地用途管制制度和规划计划报批制度。严格的农用地转建设用地规划和计划审查，以及严格的土地利用总体规划和土地利用年度计划对新增建设用地指标的控制，给增量土地供应调节带来了较大的便利。存量土地主要指城市内部的未利用土地、企事业单位内部的低效利用及闲置土地、旧城待拆迁改造土地、污染企业搬迁及产业结构调整置换出来的土地等。在增量土地供应中，中国正在尝试建立城市更新规划计划制度，通过对年度城市更新立项、审批和实施项目的控制，进而达到对存量土地供应量的调节。

土地政策调节土地供应结构。土地供应结构主要包括产业结构和区域结构两个部分。政府既可通过调节土地利用年度计划中的各用途用地的类别，也可以通过调节城市更新年度计划改造用地的类别，来调整土地供应的产业结构。如在下一年度的土地利用年度计划中大量增加商业用地的比例，或者在下一年度的城市更新年度计划中增加改商业项目（各类用地改造为商业用地），将会使下一年度商业用地的规模适度增加。另外，如果经济发展中一些新兴产业需要扶持，如电子商务、信息产业、物流业、会展业等，则可以在下一年度的土地利用年度计划中大量增加工业用地（可细分到小类）的比例，或者在下一年度的城市更新年度计划中增加改工业项目（各类用地改造为工业用地或工业用地内转换），以便满足新兴产业的用地需求。土地供应区域结构方面，政府可通过调节各行政辖区土地利用年度计划中的用地指标，进而实现区域土地供应量的调节。如部分行政辖区发展进入加速期，近年来用地指标较少，则可以适当增加该区域的新增建设用地指标，而部分行政辖区已发展较长时间，近年来已使用较多用地指标，则可以适当减少该区域的新增建设用地指标，进而促进区域的均衡。而中国严格的土地用途管制制度、严格的规划计划报批制度、垂直化的土地管理制度均能保证区域土地供应量调节的实现。

土地政策调节土地价格。土地价格是土地市场配置的重要信号。土地价格的上升或下降，将直接导致土地投资和消费变化。政府既可通过调节新增土地供应中的土地出让价格、存量土地供应中土地增加权益出让价格，也可以通过调节土地相关税收等，来调整土地价格。新增土地供应中，政府直接对土地一级市场垄断定价，市级以上的政府可以直接在土地评估价格的基础上，视调控的需要直接进行调高调低。存量土地供应中，目前政府收取的是增加权益的出让价格，也基于土地评估价格进行核定。相对增量土地，存量土地的价格更具有政策性，因此视调控的需要进行调高调低的灵活性更强。

土地政策调节土地集约度。土地集约度反映着生产要素中土地要素的相对价格，而土地要素价格的变化则会导致各类要素的对比价格的变化，进而影响整个的生产活动。在中国城市用地管理中，除土地规划、计划外，城市规划也起着重要的作用。城市规划对土地的容积率的管控较为严格。较低的容积率控制会导致土地使用规模不断增加，而较高的容积率控制会导致土地使用成本的不断提升。在城市化发展、工业化发展的初期，为保持较低的发展成本、扩展城市发展的空间，可以保持较低的土地集约度，以将资金充分运用到土地要素以外的要素中去，促进经济的快速发展；而在城市化发展、工业化发展的成熟期，为控制城市空间的扩展、调整产业的结构和质量，可以不断提高土地集约度，逐步将土地要素的价格回归到各类生产要素的合理对比价格区间。

2. 土地资源市场优化配置带动宏观经济波动

土地资源市场优化配置带动经济增长或下跌。土地资源市场优化配置，可以增加或减少土地供应量，增加或减少热点区域、热点行业的土地供应，提高或压低土地价格，进而增加或减少区域建设、区域投资、产业投资，进而拉动或降低宏观区域的发展速度。例如在经济过热时，政府可通过减少供地量或提高地价以抑制需求，迟滞投资实现，从而减缓经济增长速度；经济过冷时，则可以增大供地量或降低地价，同时与财政、货币等金融政策配合作用，提高经济发展速度。

土地资源市场配置带动产业结构调整。土地资源市场优化配置，可以在产业结构分析和产业发展规划的基础上，有针对性地增加或减少特定产业类别的土地供应量，进而增加或减少特定产业类别的投资、建设，进而实现产业结构调整的目标。例如在部分行业出现重复建设、产能过剩等状况时，可以减少产能过剩行业的土地供应量，进而减少过剩行业的投资、建设；而部分新型产业集聚发展、用地需求旺盛的时候，可以适当增加新型产业的土地供应量，进而增加新型产业的投资、建设，最终实现产业结构调整。

土地资源市场配置带动区域经济调整。土地资源市场优化配置，可以增加或减少区域土地供应量，提高或压低区域土地价格，进而增加或减少区域建设、区域投资，最终带动区域经济调整。如在经济欠发达区域，可以增加土地供应量，压低区域土地价格，进而增加区域建设、区域投资；而在经济发达区域，可以适当减少土地供应量，适当提高区域土地价格，进而适当减少区域建设、区域投资，最终实现区域经济的协调发展。

土地资源市场优化配置带动财政收入的变化。中国实行的是土地公有制，土地出让收入属于政府财政收入。部分地方政府土地出让收入占政府财政收入的较大部分，导致地方政府依靠出让土地使用权的收入来维持地方财政支出，甚至将土地出让收入作为地方债务偿还的主要渠道，即为饱受诟病的“土地财政”或“土地财政依赖症”。土地资源市场优化配置，无论是增加或减少土地供应量，还是提高或压低土地价格，都会导致土地出让收入的增加或减少，进而引发财政收入的变化，间接影响经济的波动。

土地资源市场优化配置带动收入分配的变化。土地资源市场优化配置，提高或压低土地价格，提高或降低土地相关税收比例，增加或减少土地财政收入，可以带动收入分配的变化。如政府提高土地相关税收比例，投资主体通过税负转嫁效应转嫁到消费者，消费者收入中用于支付税负的比例可能增加，而用于储蓄或消费的比例可能减少；政府减少土地财政收入，可能导致投资主体税负降低，投资收入中用于支付税负的比例可能减少，而利润会增加。

4.6 地方政府运用土地政策参与宏观调控的框架体系

地方政府运用土地政策参与宏观调控是一个系统工程，仅有参与的意愿和行动，而没有体系上的规划和架构，是难以胜任的。依据对地方政府运用土地参与宏观调控职责履行的现状情况调查，认为不好和一般的人员比例合计达到了 70%（见图 3-4），可见目前地方政府土地调控行为需要提升档次。结合系统化、过程化、信息化、大数据的新形势，按照目前中国行政机构层级与职能分工、土地管理的现实情况，构建地方政府运用土地政策参与宏观调控框架体系，方能将土地政策参与宏观调控理论应用于实践。

4.6.1　地方政府运用土地政策参与宏观调控的系统化

通过土地政策参与宏观调控的机理分析可以发现，土地政策参与宏观调控的实质是基于系统控制理论，通过土地政策的调整优化宏观经济系统，达到或接近经济社会发展预期目标的一个过程。那么用系统控制的观点来对土地政策参与宏观调控进行剖析和梳理，将有助于各界对土地政策参与宏观调控的理解和实践。

1. 土地调控的系统性

系统控制理论。系统的思想源远流长，中国古典哲学中“天人合一”思想就包含着万物与世界之间的关系是部分与整体的关系。1937 年到 1968 年，美籍奥地利人、理论生物学家 L.V. 贝塔朗菲提出了一般系统论原理，并发表了《关于一般系统论》《一般系统理论基础、发展和应用》等论文著作，奠定了现代系统科学的理论基础。系统具有整体性、关联性、动态平衡性、等级结构性、开放性、有序性、普遍性等众多特性。系统论的任务，不仅在于认识系统的特点和规律，更重要地还在于利用这些特点和规律去控制、管理、改造或创造一个新的系统，使它的存在与发展合乎人的目的需要。也就是说，研究系统更重要的目的在于调整系统结构，协调各要素关系，使系统达到优化目标。控制论作为大系统论的一个分支应运而生。控制论是运用信息、反馈等概念，通过黑箱系统辩识与功能模拟仿真等方法，研究系统的状态、功能和行为，并通过工具刺激与环境变换等手段，调节和控制系统稳定地、最优地趋达目标。控制论充分体现了现代科学整体化和综合化的发展趋势，具有十分重要的方法论意义。

土地市场与宏观经济的系统性。宏观经济指总量经济活动，即国民经济的总体活动，包括整个国民经济或国民经济总体及其经济活动和运行状态，如总供给与总需求、国民经济的总值及其增长速度、国民经济中的主要比例关系、物价的总水平、劳动就业的总水平与失业率、货币发行的总规模与增长速度、进出口贸易的总规模及其变动等。国民经济中的各个行业、各个主体、各个市场均是宏观经济的有机组成部分，共同构成一个宏观经济系统。土地市场是指土地及其地上建筑物和其他附着物作为商品进行交换的总和。从细分市场类别上看，土地市场由土地一级市场和土地二级市场共同组成，其中土地一级市场主要是建设用地使用权划拨和出让，还包括以租赁、作价出资或入股等有偿方式从政府取得国有建设用地使用权的行为；二级市场主要是建设用地使用权的转让、出租和抵押；从参与主体来看，土地市场参与者由土地权利出让人、土地权利转让人、土地权利受让人、土地交易管理人、土地交易监督人等组成；从交易客体来看，土地市场交易的客体是各类型的土地权益，如土地所有权（中国无）、土地使用权、租赁权、抵押权、地役权等等。由此可见，土地市场与宏观经济均满足系统的特征，需要用系统化的观点进行分析。

土地政策是土地市场与宏观经济系统控制的手段。依据系统控制论的观点，研究土地市场与宏观经济系统，不仅在于认识土地市场与宏观经济系统的特点和规律，更重要地还在于利用这些特点和规律去控制、管理、改造土地市场与宏观经济系统，使它的存在与发展合乎经济社会发展目标的需要。而土地政策则可以通过土地经济、土地法律和土地行政等手段，刺激土地市场与宏观经济系统的各个组成部分，并使土地市场与宏观经济系统的各个组成部分发生变化，进而使土地市场与宏观经济系统运行趋达预期的目标。因此，土地政策在土地市场与宏观经济系统控制中起着手段的作用。

2. 土地调控系统的构成要素

从系统构成来看，土地调控系统应包括 6 大要素，即“主体”“客体”“方式”“政策手段”“目标”以及“绩效”。“土地调控主体”的意思是由谁调控，或者说谁在进行土地调控；“土地调控客体”是对什么进行调控；“土地调控方式”是表明调控主体和客体之间相互联系或作用的类型，是怎么样去调控、直接还是间接；“土地调控政策手段”的意思是用什么政策或手段、方法去进行调控；“土地调控目标”是指进行土地调控之前所要达到的预期或者说预先设定的预期结果；“土地调控绩效”的意思是进行土地调控后所达到的实际结果如何。

（1）土地调控主体。

依据上面宏观经济系统分析，宏观经济系统涉及多个主体，如政府(包括中央政府和地方政府)、产业、企业(国有企业、民营企业、外资企业)、居民等；而从土地市场系统来看，土地市场参与者由土地权利出让人、土地权利转让人、土地权利受让人、土地交易管理人、土地交易监督人等组成。在这个系统里，面临的首要问题是:由谁调控谁，或者说谁才是宏观调控主体的问题。

首先，依据西方经济学关于“政府干预”的相关理论，国家或政府实施宏观调控，对宏观经济运行进行调节和控制。显然，这里所说的国家或政府理应就是调控主体。从政治经济学的角度分析，国家概念比较抽象，因此能真正行使宏观调控职能的只能是特定的国家行政机关。而国家的行政机关就是政府，所以实际上进行土地调控的主体是政府。但在我国政治层级中，中央政府和地方政府均属于政府的组成部分。土地调控主体的主体仅指中央政府，中央政府拥有土地调控的全部权限，还是中央政府和地方政府均为土地调控主体之一，按规则共享土地调控权？这是分配土地调控权的第一个问题。从理论上来看，虽然货币政策的权力集中于中央政府，但土地政策的权力属于共享模式。中央政府拥有部分土地政策的权力，而大部分土地政策的权力分散于各个地方政府。地方政府拥有部分土地调控是合理的。从实践上来看，中国地域广阔，地区差异极大、市场经济体系也不够成熟。在这样的国情和经济背景下，中央政府的土地调控措施事实上不可能完全适合于各省区的具体情况，也不能期望在各省区获得同样的效果。因此客观上就要求必须由地方政府在服从全国宏观调控总体目标这一大前提下，从本地区的实际情况出发，因地制宜地制定土地调控政策，从而更科学地协调、平衡本地区的经济活动。另外，部分经济特区（深圳、珠海等城市）拥有经济改革、先行先试的权利，同时经济实力较强、经济发展程度较高，遇到新的困难和问题的机会也更多，因此从本特区面临的新情况出发，因地制宜地制定土地调控政策，快速调整经济社会活动极为必要。故，中央政府和地方政府均为土地调控主体之一，按规则共享土地调控权比较科学。

其次，按照《中华人民共和国土地管理法》，国务院土地行政主管部门统一负责全国土地的管理和监督工作；县级以上地方人民政府土地行政主管部门的设置及其职责，由省、自治区、直辖市人民政府根据国务院有关规定确定。中国实际建立“国家—省—市—县—乡”五级土地管理行政机构。土地调控主体的主体仅指国务院土地行政主管部门，国务院土地行政主管部门拥有土地调控的全部权限，还是各级土地管理行政机构均为土地调控主体之一，按规则共享土地调控权？这是分配土地调控权的第二个问题。从土地行政管理体制来看，中国“国家—省—市—县—乡”五级土地管理行政机构实际上是“半垂直”的体制，下级土地管理行政机构在业务上隶属国务院土地行政主管部门，在组成上隶属本级政府。因此国务院土地行政主管部门拥有较大土地调控权力，“国家—省—市—县—乡”五级土地管理行政机构分级拥有部分土地调控权力。

第一个问题与第二个问题放在一起，直接产生了第三个问题：作为行政机构整体代表的政府与作为部门代表的土地行政管理机构在土地调控中是一个什么关系？各自的角色与功能是什么？由“半垂直”的土地行政管理体制来看，中央政府拥有土地调控的绝对权力，地方政府在中央政府土地调控目标、方向、原则范围内，有能动开展土地调控的部分权力。其次是政府与土地行政管理机构之间的土地调控角色定位。地方政府在土地调控中应该履行的是土地调控政策审核、政策审定、政策监督等职能，而土地行政管理机构在土地调控中应该履行土地调控政策制定、政策实施、政策监控、政策修订等职能。

（2）土地调控客体。

土地调控客体是回答土地调控对谁进行调控，调控谁的问题。中国土地调控客体十分复杂和广泛，概括起来主要包括五个方面：土地市场、整体市场、国民经济总体和总量、微观经济行为主体、下级政府及相关机构。

第一类客体—土地市场。土地调控直接作用在土地市场上，改变土地市场中供求关系、价格信号等因素，从而调节土地市场的资源配置，因此土地市场是土地调控的首要客体。

第二类客体—整体市场。土地调控调节土地市场的资源配置不是最终目的，而是通过土地市场将调控措施传到整体市场中，使生产要素市场和产品市场也发生相应的变化。因此，整体市场是土地调控的第二类客体。

第三类客体——国民经济总体和总量。市场经济中各类经济实体、各种利益主体生存发展的宏观环境和基础条件是社会总供求的基本平衡。调节土地市场的资源配置、整体市场的变化最终影响国民经济总体和总量，目标是实现社会总供求的基本平衡。因此，国民经济总体和总量优化是宏观调控的终极客体。

第四类客体——微观经济行为主体。第四类客体是从接受对象的角度来归纳的。土地调控政策作出后，其承受人是微观经济行为主体，包括企业和作为经济行为主体的公民或个人。土地调控系统的运行和绩效也受微观经济行为主体及其行为的重要影响。但是土地调控政策首先的作用对象是与土地消费或投资的企业和个人，随着扩散效应进而波及到整体市场中的各类微观经济行为主体。

第五类客体——下级政府及相关机构。下级政府在土地调控中具有双重身份：既是区域经济调控主体，又是整个宏观调控的一个客体。按照前文的分析，下级政府作为上级政府土地调控政策的辅助者和实施者，或者对下级政府独立实施土地调控政策（在上级政府的原则与授权范围内）时，其身份是区域经济调控主体。但在本处，下级政府是作为上级政府土地调控政策的对象身份出现的。在中国现行财税分开以及主要以 GDP 增长为政绩考核标准的客观环境下，部分下级地方政府可能会从自身相对独立的利益目标和责任约束出发，在某种程度上左右所辖区域内土地市场的配置、土地投资企业在市场中追求利益的行为模式，进而对区域甚至整个土地调控产生重要甚至负面的影响。因此，上级政府规划土地调控政策，下级政府首先是被作为调控对象纳入土地调控政策协调范围的。

（3）土地调控方式。

按照中、西方经济理论和实践经验，按照调控主体作用于客体是否需要通过其他手段或者中介环节的角度来划分，宏观调控可以分为“直接的宏观控制”和“间接的宏观调节”。前者是指调控主体不借用经济等中介环节的作用，直接采用诸如行政命令等形式作用于调控客体，以达到土地调控的目标。后者则是指调控主体通过经济杠杆作用影响调控客体的经济利益，进而改变其行为以间接达到预期目标。苏联、前东欧社会主义国家以及改革开放以前的中国，一般实行传统的计划经济体制，大都采用前一类宏观控制方式，土地使用直接采用土地计划直接安排。而在健全、成熟的资本主义市场经济条件下，调控方式则是以调节为主、控制为辅，土地调控主要采用规划引导、经济调节等方式。

结合中国的实际情况，中国土地调控方式应该是怎样的呢？尽管按照成熟市场经济一般理论的预期，直接的控制方式应当随着社会主义市场经济的建立和完善而逐步淡出，“间接的宏观调节”应该起绝对的主导作用。但实际上，中国的现实国情却不适应这种方式。首先，中国正处于并将长期处于经济、政治体制转轨和变革时期，政府是改革制定者和推动者，政府对经济进行了强有力地控制和引导，也正是有了政府得这种直接控制和引导，经济总量才不会剧烈波动，经济增长才能得以维持较高速度。直接的土地调控方式有政府权威和强大的力量予以保证。其次，中国市场化改革进程是一个从传统计划经济体制向现代市场经济缓慢过渡和变迁的过程。就目前的情况来看，市场经济还远未完善，现代市场经济特征还不明显，盲目推行间接的土地调控不一定有效果。另外中国幅员辽阔，人口规模庞大，区域经济发展不平衡，经济和产业结构复杂，利益主体多元化等诸多现实条件，导致间接的调控方式可能无法处理一些地区性、时效性较强的问题。

因此，全盘采用“间接的宏观调节”方式并不适合中国，“宏观调节与控制并用”的方式才符合中国实践发展的需要。未来若干年内，直接的宏观控制这样的土地调控方式还将活跃在历史舞台，“间接的宏观调节”方式可能逐步做出较大贡献，“宏观调节与控制并用”的方式将长期存在。

（4）土地调控政策手段。

土地调控政策手段子系统也是整个土地调控系统的核心之一。中国调控政策可分为三大类：经济性土地政策、法律法规性土地政策、行政性土地政策。

经济性土地政策。经济性土地政策是指政府在依据和运用客观经济规律的基础上，按照市场经济利益原则，通过市场经济机制中介作用于微观经济主体的经济活动，并对经济运行进行调节和控制的政策，包括杠杆性土地调控政策和经营性土地调控政策。杠杆性土地调控政策指政府调控经济所运用的政策，能够以价值形式表现并由一定经济机制制约，例如土地价格、土地信贷、土地财政、土地税收等政策，它们各自又可细分为一系列子政策。经营性土地调控政策指国家基于土地储备、土地征收征用等途径取得一定量的土地资源，增减或减少土地供给，参与土地市场调控和宏观经济调控。经营性土地调控政策实质是国家利用自己所直接掌握的土地对市场机制进行调节，以弥补经济杠杆政策的不足。

法律法规性土地政策。法律法规性土地政策是指政府凭借其特有的法权力量，通过在土地方面进行立法和司法裁判，运用土地法规来调节微观市场主体的经济活动和主体之间相互经济关系的一种强制性政策。法律法规性土地政策种类较多，有全国人民代表大会通过的土地法律，如《中华人民共和国土地管理法》；也有国务院制定、公布的土地行政法规，如《中华人民共和国土地管理法实施条例》；各省、自治区、直辖市的人民代表大会及其常务委员会也会制订与颁布地方性土地法规、自治条例和单行条例，如《广东省基本农田保护区管理条例》《深圳经济特区土地使用权出让条例》；国土资源部、地方政府也会自行制订与颁布规章与规范类文件，如《国土资源部关于当前进一步从严土地管理的通知》《深圳市工业项目建设用地控制标准》等。在市场环境逐步完善过程中，充分运用法律法规性土地政策对于规范微观主体的市场经济行为、完善市场经济制度、调控经济运行愈发重要。

行政性土地政策。行政性土地政策是指国家土地管理机构凭借国家政权力量，采取发布命令、指示、规定、条例等形式，按照行政系统、行政层次、行政区划，直接引导和控制社会经济活动，以达到土地调控目标的一种政策。行政性土地政策一般具有强制性、直接性、纵向性、强调经济利益统一性、速效性等特点。尽管在市场经济中采取行政性土地政策存在较多问题，但就中国目前的经济发展阶段看，它仍需得到有效利用。首先我国市场化程度仍然较低，市场机制还很不完善，市场主体对市场信息的反映可能并不灵敏，导致其他政策的调控功能受到制约，这时政府不得不以必要的行政性政策来代替。比如中国住宅用地的价格敏感性较弱，经济性的调节效果常常不佳，而行政性的调节效果，比如增加或减少住宅用地供应，则能起到一定的作用。其次中国经济的微观主体以及地方政府在调控中与中央政府的博弈倾向，土地调控直接关系着地方城市 GDP 的增长和基础设施的建设，没有强有力行政性政策将不能保证调控政策的贯彻，因此行政性政策是不可缺少的。

三类土地政策手段的地位和作用都很重要，彼此之间相互联系，相互依存，形成了一个严密的土地调控政策系统。可以视土地市场与整体市场运行的情况，选择单独运用其中一种政策进行宏观调控，也可以选择多种政策，使其互相配合起作用。另外，在目前及将来一部分时间内，行政性土地政策、经营性土地调控政策将一直处于主导地位，而杠杆性土地调控政策、法律法规性土地政策将随市场经济发达程度的提高不断增加影响力。

（5）具体目标。

土地调控的具体目标就是通过土地调控主体通过土地调控手段，实现社会经济效益、社会效益和生态效益的最优。经济效益包括经济稳定和经济增长两重目标，社会效益包括充分就业与减少收入差距，生态效益是指生活环境的保持与改善。本内容在上章中已有部分论述，在此不再展开。

（6）绩效。

绩效是个体或组织在特定时间内可描述的工作成效和可测量的工作结果。经济政策绩效，是指实施经济政策从而达到不同程度地改变经济运行总量、各组成部分之间数量结构对比关系的结果。土地政策调控，实质也是一种经济政策。土地政策调控的绩效，实质上也是一项经济政策绩效。土地调控主体利用土地政策对客体实施作用，从而改变经济运行总量、各组成部分之间数量结构对比关系，取得一定的成果，这种最后结果或产出就是土地调控绩效。

按照一般的经济政策绩效评价体系，我们从三个角度来分析和考察土地调控绩效：

一是以土地调控的预期目标为参照系，主要考察某一阶段调控结果是否朝预期方向发展或者土地调控目标具体实现程度，称为“目标绩效”。实现预期目标或远远超过预期目标，目标绩效就为100%；部分实现预期目标，目标绩效就按照实现的大致比例来进行判断。

二是以土地调控的各种投入、成本为参照系，主要考察调控收益与其投入成本两者的比例关系，即考虑土地调控是否值得的问题，称为“收益成本绩效”。最优的土地调控当然就是以最少的成本获得最大的收益。

三是以实施土地调控行为所产生的除经济领域之外，其他更为广泛的社会领域的影响或效应为参照系，称为“整体绩效”。除经济效益外，土地调控行为还可能产生社会效益、生态效益，因此计算“整体绩效”才符合完全核算的范畴。但社会效益和生态效益难以量化，计算“整体绩效”也存在技术上的困难。

3. 深圳市土地调控系统的组成模型

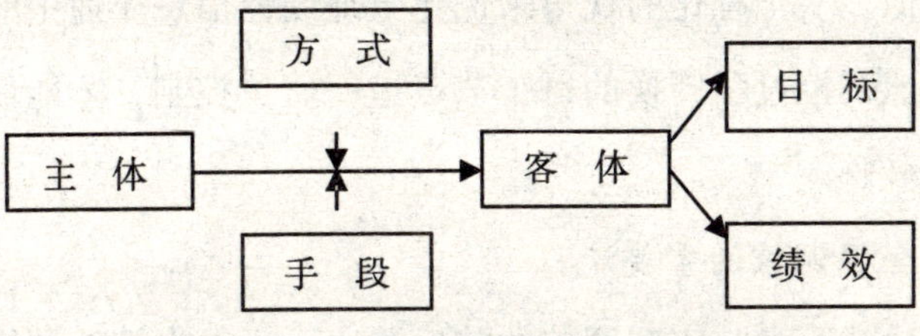

图 4-4　深圳市土地调控系统模型示意图

4.6.2 地方政府运用土地政策参与宏观调控的全程化

土地政策参与宏观调控是一个系统，而土地调控系统进行土地调控是由一系列连续的过程组成。因此要提高土地调控的绩效，就要从过程管理和质量管理的理念来分析和建构全程化的土地调控体系。

1. 土地调控的全程化

过程管理来源于企业管理的研究，主要是以企业管理中的产品流通为主线，通过在流通中对每个过程的细节进行控制管理，对过程转换的每个节点进行质量控制，从而达到全面质量管理。比如生产企业，首先就要从原材料的采购严把质量关，到生产加工，到最后的出厂检验每个环节加以控制，这样才会使企业的废品率降低，生产效率提高，降低企业的成本。对比土地调控的信息传递流程，从发现可能需要调控的现象，到论证调控的必要性，到土地调控的计划，到土地调控的实施以及效果的评估，实质上是土地调控信息逐步传递，与产品流通流程十分类似。从全程化的视角来优化土地调控信息流通中的各个流程，并对土地调控过程转换的每个节点进行质量控制，才能使土地调控达到较高水平。

2. 土地全程调控的重要流程

按照土地政策参与宏观调控的前后顺序，可以将土地调控全程分为“监控、发现、预判、调节、评价”五个首尾相连的流程。

（1）土地市场“监控”。

梳理土地市场“监控”属性数据。依据上文土地政策参与宏观调控的机理分析，土地供需数量、土地市场价格、用地结构、土地集约度等是反映土地市场配置变化的核心因素。分析土地市场核心因素的具体表达属性，归类出土地市场“监控”属性数据表。

表 4-1　土地市场“监控”属性数据表

土地市场核心因素类别	土地市场“监控”属性数据类别
土地供需数量	季度土地供应数量
	季度土地需求数量
土地市场价格	居住用地价格
	商业用地价格
	工业用地价格
	办公用地价格
用地结构	供地结构
	需地结构
	居住用地供给比例
	基础设施用地供给比例
	存量土地用途改变情况
土地集约度	城市平均容积率
	居住平均容积率
	工业平均容积率
	商业平均容积率
	办公用地平均容积率
	单位建设用地 GDP
	单位新增建设用地 GDP
其他因素	土地融资情况
	违法用地情况
	……

了解土地市场“监控”数据来源。土地供需数量数据一般来源是供地主管部门，土地市场价格数据一般来源是土地交易主管部门，用地结构数据一般来源是供地主管部门和报建主管部门，土地集约度数据一般来源是规划主管部门和统计主管部门，土地融资情况一般来源是土地登记主管部门，违法用地情况一般来源是规划土地监察部门。

建立土地市场“监控”数据报送网络。成立土地市场“监控”主管部门，建立扁平化的土地市场“监控”数据报送体系。编制土地市场“监控”数据报送规范，统一报送周期和报送时点。

开展日常土地市场“监控”。土地市场“监控”主管部门负责督促各土地市场“监控”数据相应的报送主体，按时报送相关数据；土地市场“监控”主管部门整理分析报送数据，累积形成日常土地市场“监控”基础资料。

（2）市场失灵“发现”。

设立土地市场“监控”的阀值。以国民经济发展规划、区域发展规划、土地利用总体规划、城市规划等为基础，结合城市发展实际情况，对季度土地供应数量、季度土地需求数量、居住用地价格、供地结构、城市平均容积率等土地市场“监控”属性数据，分析各属性数据之间的关系和合理区间，确定需重点“监控”的属性数据及变化阀值。如土地供需因素中的季度土地供需缺口是需重点“监控”的属性数据，且其合理区间是30公顷以内；土地价格因素中的季度土地价格波动是需重点“监控”的属性数据，其中居住用地价格的合理区间是变化在2000元每平方米以内。

“发现”土地市场数据异常。以各报送主体报送的土地市场“监控”数据为基础，结合各土地市场“监控”属性数据的变化阀值，初步判别土地市场细分属性是否发生异常。若土地市场“监控”属性数据在变化阀值上下区间内，则为正常；若土地市场“监控”属性数据超出变化阀值上下区间，则为异常。例如，依据供地主管部门报送的季度土地供需数据计算出季度土地供需缺口数据，如果土地供需缺口数据为18公顷，则在变化阀值上下区间内，为正常；如果土地供需缺口数据为35

公顷，则在超出变化阀值上下区间，为异常。

（3）市场失灵“判断”。

判定市场偏离程度。土地市场“监控”发现的异常属性数据，首先结合其分属土地市场核心因素类别，考察其余土地市场“监控”属性数据的异常情况，若该土地市场核心因素类别内部仅少量土地市场“监控”属性数据出现异常，则判定为土地市场轻微失灵；若 1—2 个土地市场核心因素类别内部大部分土地市场“监控”属性数据出现异常，而其余土地市场核心因素未出现异常，则判定为土地市场中度失灵；若大部分土地市场核心因素类别出现异常（表现为各因素内部大部分土地市场“监控”属性数据出现异常），则判定为土地市场重度失灵。

调控决策。针对某个土地市场核心因素内少量土地市场“监控”属性数据出现异常的轻微失灵状况，可要求对应的土地管理部门在土地利用年度计划、年度地价调节等日常土地管理中进行轻度调节即可。针对 1—2 个土地市场核心因素类别内部大部分土地市场“监控”属性数据出现异常，而其余土地市场核心因素未出现异常的土地市场中度失灵状况，则表明某一土地管理政策出现问题，应要求对应的土地管理部门梳理、分析、修正该方面的土地管理，以规范土地市场运行。针对大部分土地市场核心因素类别出现异常的土地市场重度失灵状况，需重点分析是否是经济变化的前兆，是经济上行还是下行的前兆，是否要进行宏观调控，土地调控是否能够助力宏观调控等问题。研究报告经土地调控部门综合审议后，应提出是否进行土地调控以及如何开展土地调控具体计划的政策建议，提交城市土地管理部门或城市政府进行决策。

（4）土地政策“调节”。

下达土地调控命令。城市政府、城市或土地管理部门收到土地调控部门报送的政策建议后，应结合国家宏观经济运行情况、城市经济运行情况、国家宏观调控政策、城市发展规划实施情况等因素，首先做出是否进行土地调控的行政决策，其次研判土地调控具体计划的可实施性和有效性，最后向土地调控部门、政府各组成部门及下级政府下达土地调控行政命令。

实施土地调控计划。土地调控部门收到土地调控行政命令后，应按照完善后的土地调控具体计划逐步实施土地调控各项具体政策；政府各组成部门及下级政府收到土地调控行政命令后，应按照土地调控具体计划约定的配合事项，在土地调控部门的统一调度下，协助实施土地调控计划。土地调控计划应包含本轮土地调控的预期目标，本轮土地调控选择的调控手段，本轮土地调控执行的周期，本轮土地调控的风险评价等内容。其中本轮土地调控选择的调控手段，应包括规划管控手段、土地供应手段、土地价格手段、土地税收手段、土地合同管制手段、土地执法监察手段等土地调控工具箱中的一种或多种手段。

（5）土地调控“评价”。

建立土地调控“评价”体系。依据土地评价规范和文献，梳理出目前土地评价包含从土地资源与生产角度出发的土地质量评价、土地适用性评价、土地生产潜力评价等类别，从土地资产与经济角度出发的城镇土地分等定级、城镇土地估价、农用地分等定级、农用地估价等，从土地利用绩效角度出发的土地利用现状评价、土地可持续利用评价、土地集约利用评价等，从生态环境角度出发的土地生态安全评价、土地污染评价等，从政策实施角度出发的土地利用规划实施评价、土地利用计划实施评价、地价动态监测效果评价等类别。剖析土地调控“评价”的内涵和特点，其应归属于政策实施类评价的范畴。参照政策评价的评价目标、评价方法、指标体系、评价标准等经典方法，参照土地利用规划实施评价、土地利用计划实施评价、土地集约利用评价已建立的评价体系，构建土地调控“评价”体系。建成的土地调控“评价”体系不仅应包含直接的实施效果评价，还应包含土地调控政策的经济、社会、生态等方面的综合效益评价；建成的土地调控“评价”体系还应满足快速调查、快速评价、快速上报的土地调控的时效性需求。

适时开展土地调控“评价”。土地调控部门收到土地调控行政命令，开始按照土地调控计划逐步实施土地调控政策后，在土地调控政策实施过程中和实施完毕后，均可以开展土地调控“评价”。实施过程中开展的土地调控“评价”，既可以评估已实施调控政策的总体效果，也可以检验各项具体政策的分项实施效果。已实施调控政策的总体效果，可以作为校正土地调控计划、完善后续土地调控思路的依据。实施完毕后开展的土地调控“评价”，可以评估本轮调控政策的总体效果，作为土地调控部门本轮调控成果汇报、下轮土地调控思路建立、后续土地政策制定等工作的基础。

3. 土地全程调控的运行模型

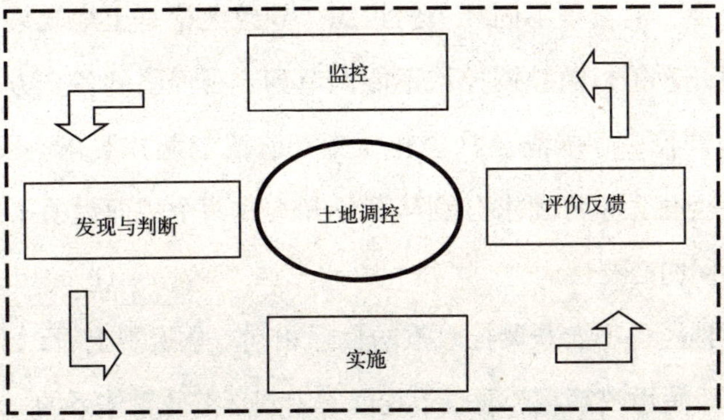

图 4-5　深圳市土地全程调控模型示意图

4.6.3 地方政府运用土地政策参与宏观调控的协同化

宏观调控是保证社会再生产协调发展的必要条件，也是国家管理经济的重要职能。国家已建立以财政政策、货币政策、产业政策为主体的宏观调控政策体系。土地政策调控是宏观调控政策体系的新成员，研究宏观调控政策体系内各项政策的协同性是土地调控部门必须面对的课题。

1. 协同的必要性和可行性

必要性。一个国家或区域经济社会发展往往是一个综合性的目标，照顾各个方面。而依据“丁伯根法则”，为达到一个目标，政府至少要运用一种有效的调控政策；而为达到几个目标，政府至少要运用几个独立的、有效的调控政策。因此综合性的社会经济发展目标，决定了政府经常需采用若干调控政策协同完成。社会化大生产要求统筹协调包括土地、资本、劳动、管理组织等资源，组织和协调生产、交换、分配、消费各个环节，从而保持社会再生产的比例和平衡，避免或减少波动，保证社会经济正常运行。土地、资本、劳动等不同资源的调节，生产、交换、消费等不同环节的组织，导致无论是土地政策、货币政策还是财政政策，单独调控均不能调节到宏观经济的各个方面。各项政策协同调控，才能满足社会化大生产阶段的调控要求。“丁伯根法则”与社会化大生产要求分别从现象和本质两个层面说明了宏观调控中政策协同的必要性。

可行性。各项宏观调控政策的目标相同。从宏观上看，土地政策、财政政策、货币政策、产业政策均属于宏观调控政策体系的一个组成部分，隶属于宏观调控政策体系，为宏观调控整体目标服务。无论是土地政策，还是财政政策、货币政策、产业政策等，目的都是落实一种宏观调控目标。例如长期来看，土地政策、财政政策、货币政策、产业政策均应服务于促进经济增长，促进充分就业，保持物价稳定，保持国际收支平衡等宏观经济目标，短期来看土地政策、财政政策、货币政策、产业政策均应服务于从紧或量化宽松等类型的阶段宏观经济目标。各项宏观调控政策具有相同的目标，表明加强各项宏观调控政策的协同性是可行的。

2. 协同的原则和方式

协同的原则。各项宏观调控政策的协同，是运用土地政策工具与其他调控政策工具共同发挥宏观调控作用，进而完成宏观目标的行为。目标性和导向性都很强。在此过程中，单项政策是否实施、单项政策发挥作用的大小、部门所起的作用，都不是评价协同调控效果的主要考虑因素；而是否达到了宏观调控的目标，经济社会运行是否回到正常状态，才是评价协同调控效果的主要考虑因素。因此，各项宏观调控政策的协同应以宏观经济运行最优化为最高原则。

协同的方式。按照土地政策与其他宏观调控政策协同的角色差异，总体上可划分为主导式、辅助式、共同推进式三种协同形式。主导式土地调控政策在该轮宏观调控中起主导作用，启动并主要推进宏观调控，并引导其他宏观调控政策共同进行。辅助式土地调控政策在该轮宏观调控中起辅助作用，其他调控政策在该轮宏观调控中起主导作用，辅助式土地调控政策与其他主导调控政策目标一致，协助完成宏观调控目标。共同推进式土地调控政策，是指该轮宏观调控中各项宏观调控政策不分主导和辅助角色，按照统一的宏观调控计划，共同实施调控措施，共同完成调控目标。

3. 构建协同机制

因宏观调控政策体系内各项政策分属不同的部门主管，各项政策的运作方式也存在差异，为促进宏观调控政策体系内各项政策协同的科学性，需构建常态化的协同机制：

目标协同机制。宏观层面的目标协同机制主要体现在多规衔接方面。无论是国家层面的规划计划，还是地方政府层面上的规划计划，均具有宏观性、战略性和指导性，是宏观调控的重要手段。目前中国已规律性地建立了各级国民经济发展规划、区域发展规划、城市规划、土地利用规划等覆盖各规划计划的复杂体系，而加强规划计划体系的衔接，才能保证各类规划计划目标的一致性，才能保证宏观调控的方向性不会紊乱。微观层面的目标协同机制主要体现在阶段调控方向的选择上。城市政府或城市宏观调控部门应综合确定阶段调控方向，便于各调控部门基于阶段调控方向研究不同的调控手段。

政策协同机制。首先，城市政府或城市宏观调控部门应综合本轮调控所面临的形势，确定政策协同形式，是一种政策独立调控，还是一种政策主导、部分政策辅助，还是多种政策共同推进。明确各项政策协同形式后，各调控部门才能明确调控职责。其次，若采用后两种协同形式，城市政府或城市宏观调控部门还需选定调控方向组合。财政政策与货币政策的调控方向组合主要有四种："双紧""双松""货币政策紧财政政策松"和"货币政策松财政政策紧"。土地政策参与其中后，形成了八种调控方向组合，如表 4-2 所示。城市政府或城市宏观调控部门根据本轮调控形势，选定调控方向组合。

表 4-2　土地政策、财政政策与货币政策调控方向组合表

编号	方向组合	效应
1	紧缩性土地政策、紧缩性财政政策和紧缩性货币政策	下行
2	紧缩性土地政策、紧缩性财政政策和膨胀性货币政策	不确定
3	紧缩性土地政策、膨胀性财政政策和紧缩性货币政策	不确定
4	紧缩性土地政策、膨胀性财政政策和膨胀性货币政策	不确定
5	膨胀性土地政策、紧缩性财政政策和紧缩性货币政策	不确定
6	膨胀性土地政策、紧缩性财政政策和膨胀性货币政策	不确定
7	膨胀性土地政策、膨胀性财政政策和紧缩性货币政策	不确定
8	膨胀性土地政策、膨胀性财政政策和膨胀性货币政策	上行

行动协同机制。选择后两种协同形式（一种政策主导、部分政策辅助和多种政策共同推进）后，必然涉及多个主管部门在本轮土地调控中的分工事宜。为更好地协调配合、沟通推进土地调控各项事宜，可建立土地调控部门联席会议制度。各调控部门均为土地调控部门联席会议成员，定期召开联席会议以协调实施进度，沟通实施效果，改进调控措施。

4.6.4　地方政府运用土地政策参与宏观调控的信息化

经过土地政策参与宏观调控的系统性、全程性、协同性分析，可见土地政策参与宏观调控是一个复杂的、多部门协作的、既长期又强调时效性的系统工程。为达到宏观调控的目标，建议利用计算机技术、数据库技术、互联网技术、遥感信息技术、物联网、云技术等先进技术构建深圳市土地调控信息系统。

1. 系统目标

运用信息技术跟踪与掌握深圳市土地利用信息状况，为深圳市自

动化、实时化、程序化实施“监控、发现、预判、调节、评价”等土地调控行为提供技术辅助。

2. 适用对象与运行环境

深圳市土地调控信息系统应适用于涉及到的所有土地调控部门及涉及到的所有工作人员。涉及到的所有土地调控部门应包含市政府土地调控决策机构、市国土局土地调控机构、其他土地调控协助机构等。涉及到的所有工作人员应包含调控人员和基础服务人员，调控人员包括信息录入人员、数据监控人员、状态研判人员、状态审核人员、调控决策人员、调控执行人员、调控评价人员等，基础服务人员包括数据库建设人员、系统维护人员、通讯网络维护人员等。

深圳市土地调控信息系统的操作系统应选择适用于行政机关内网办公的，满足安全性、稳定性需求的 Linux 操作系统；深圳市土地调控信息系统的服务器应满足大量数据存储、大量数据处理、大量数据交换的调控应用需求；终端设备应尽量选用行政办公普通电脑设备；展示大厅要求能够动态显示土地利用现状情况和土地调控现状情况，能够警告土地市场数据异常，能够现场指挥调度各土地调控组成部门、各土地调控工作人员开展土地调控具体工作。

3. 系统层级

深圳市土地调控信息系统分为核心层、处理层和应用层三个系统层级。核心层主要是基于数据库技术，开发系统核心数据层，承担着全市土地信息数据、经济信息数据、土地调控数据等的录入、存储与管理。

深圳市土地调控信息系统处理层主要是针对核心数据层开发信息收集与整理功能。部分数据如土地规划数据、土地出让数据、土地报建信息直接由业务主管部门在系统终端上面录入，部分数据如基本农田保护数据、土地价格变化数据、规划土地监察数据等则需进一步开发信息收集与整理程序。

深圳市土地调控信息系统应用层主要是针对深圳市土地调控实践，直接开发监控、发现、判断、调节、评价各个应用软件，满足各土地调控组成部门、各土地调控工作人员开展土地调控具体工作。

4. 功能模块

深圳市土地调控信息系统主要包含监控、发现、判断、调节、评价五大功能模块。

监控模块。以土地市场“监控”数据体系和报送体系为基础，尽量实现土地市场“监控”数据的自动化、电子化报送。以土地市场“监控”数据报送规范（含报送周期、报送时点）为基础，开发土地市场“监控”数据自动督报程序。

发现模块。以重点“监控”属性数据体系及变化阀值体系为基础，结合核心层最新数据，开发土地市场“监控”数据异常发现程序，自动、及时发现土地市场的失灵现象。

判断模块。以市场偏离程度判定规则为基础，结合“发现”程序运行结果，开发土地市场失灵程度判断程序，自动判别市场轻微失灵、中度失灵、重度失灵。以土地调控决策规则为基础，开发土地市场失灵报送、审核、决策等程序，满足土地调控部门报审需求。

调节模块。以土地调控命令下达流程为基础，开发电子化的土地调控命令下达程序。以各类型的土地调控计划为基础，结合深圳市国土部门已有的业务管理系统，开发动态化、网络化、监督化的调控实施程序。

评价模块。以土地调控“评价”体系为基础，分别开发土地调控实施效果评价程序、土地调控综合效益评价程序，以及土地调控评价结果上报程序。土地调控“评价”体系数据应尽量来源于核心数据层、信息处理层收集、整理与存储的数据。

5. 技术设备

信息获取设备。除普通计算机录入设备外，还应配备小型探头、传感设备等土地物联网发现网络，照相机、录像机等土地立体化巡查发现与报送设备等。充分运用已有的土地业务信息系统和经济信息系统可大量减少信息获取设备的购置数量。

信息传递设备。电子化的信息传递设备包括信息网络接入与保密设备，格式转化设备、接收设备等。纸质、光盘、遥感影像等材料的信息传递设备包括收发人力车或机动车等。

信息存储设备。电子化的信息存储设备主要是大容量的信息存储设备，纸质、光盘、遥感影像等材料的信息存储则需要配备档案室、物品架等设备。

信息加工设备。电子化的信息加工设备主要是高性能的计算机，纸质、光盘、遥感影像等材料的信息加工则需要扫描仪、读卡器、刻录机等。充分运用行政部门已有的办公设备，构建阵列式的云处理体系可以大量减轻信息加工业务的压力。

指挥调度设备。为达到有效调度和充分展示的效果，需建设指挥调度大厅，并配备高性能的计算机、宽屏显示器、远程视频系统、远程语音系统、现场办公设备等。

4.7　深圳市土地政策参与宏观经济热点调控的实战模拟

构建地方政府运用土地政策参与宏观调控框架体系的目的，是投入实践应用。本章以深圳市为例，结合住房不足、医疗等民生用地稀缺、支持新型产业发展等热点问题，进行土地政策参与宏观调控实战模拟。实战模拟假设：土地政策参与宏观调控框架体系已基本建立；土地政策参与宏观调控相关措施能够有效传达实施；土地政策参与宏观调控所需的人、财、物已配置到位。

4.7.1　住房调控模拟

“居者有其屋”是中国人民千年的梦想，近代中国政府也较为重视民众的居住问题。但无论是改革开放前的计划经济时代，还是改革开放后的市场经济时代，中国民众的住房问题一直严峻，成为历届政府难以应对的棘手问题。住宅用地的配置、住房发展规划、相关配套设施建设的主要职责在中国地方政府，土地政策参与宏观调控为地方政府解决民众居住问题提供了一个新的思路。

1. 基础工作

以大数据理念为指导建设深圳市社会综合信息平台，及时掌握城市人口数量变化、结构变化、流动规律，城市居民住房拥有数量变化、结构变化，城市居民租房数量变化、结构变化，城市住宅供应主体数量、开发能力、近期开发数量、近期供应数量，城市存量住房待售面积、空置比例等信息；进一步深化和细化住房建设规划，有效预测近期内每年的住房需求，不同类别的住房需求，进而确定各年度不同类别的住宅用地需求。

2. 住宅用地监控

土地市场"监控"数据各报送主体报送相关属性数据后，土地市场"监控"主管部门针对住宅用地整理分析报送数据，特别关注住宅用地供给数量与结构、住宅用地开发数量与结构、住宅用地竣工数量与结构、住宅用地价格变化情况等住宅用地相关属性数据。

表 4-3　深圳市住宅用地监控信息表（2013 年度）[①]

属性名称	计划供应数量	监测供应数量
商品住房用地供应（亩）	950	1770
商品住房供应（套）	60000	65152
保障性安居工程用地供应（亩）	950	239.55
保障性住房供应（套）	40000	40000

3. 住宅用地异常发现

结合深圳市住房发展规划详细数据与土地市场住宅用地监控数据，对比分析住宅用地市场发展情况。如果住宅用地实际供给数量与结构、住宅用地竣工数量与结构、住宅用地价格变化情况等住宅用地监控数据，与深圳市住房建设规划详细数据基本吻合，特别是市场监测中住宅用地实际供给数量与住房建设规划中住宅用地需求数量基本一致，住宅用地价格变化平稳，则表明住宅用地市场发展正常。反之，如果市场监测中住宅用地监控数据与住房发展规划中住宅用地需求数量相差较大，住宅用地价格剧烈变化，则表明住宅用地市场出现

① 注：数据来源于深圳市规划和国土资源委员会官网。

异常。

4. 住宅用地市场异常预判与调节

首先判定住宅用地市场偏离程度。针对住宅用地市场“监控”发现的异常属性数据，依据发生异常的核心因素数量、偏离阀值比例、偏离的时间长度等情况综合判定住宅用地市场轻微失灵、中度失灵还是重度失灵。其次，依据住宅用地市场偏离程度进行调控决策。住宅用地市场轻微失灵状况，可要求对应的土地管理部门在土地利用年度计划、年度地价调节等日常土地管理中增加或减少住宅用地的供应，调整住宅用地的供应结构，进行轻度调节即可。住宅用地中度失灵状况，则表明住房用地政策出现问题，可能是住房规划需求数据失真，也可能是长期住宅用地供应不足等，应要求对应的主管部门梳理、分析、修正该方面的住宅用地政策，以规范土地市场运行。而针对住宅用地市场重度失灵状况，需重点分析是否是经济变化的前兆，是经济上行还是下行的前兆，是否要进行宏观调控，土地调控是否能够助力宏观调控等问题。研究报告经土地调控部门综合审议后，应提出是否进行土地调控以及如何开展土地调控具体计划的政策建议，提交城市土地管理部门或城市政府进行决策。土地调控相关部门应按照城市土地管理部门或城市政府统一决策部署分别落实调控措施。

5. 住宅用地市场调控评价

按照土地调控具体计划的时间节点，在住宅用地市场调控措施落实的各个阶段，以及落实完毕后的恰当时间，开展住宅用地市场调控评价。按照住宅用地市场调控评价体系，评估本轮调控政策的总体效果，作为调控部门本轮调控成果汇报、下轮土地调控思路建立、后续土地政策制定等工作的基础。

4.7.2 民生用地调控模拟

《土地利用现状分类标准》与《城市用地分类与规划建设用地标准》等规范中无民生用地的类别。民生用地的提法来源于近年来部分人民代表大会代表（类似议员）提出的议案，内涵是土地供应要保证公民医疗、入学、养老等基本生活需要，主要包含土地管理与城市管理规范中的公共服务用地、公共设施用地、绿地等类别。民生用地关系公民生活福祉，越来越得到政府与公众的重视。

1. 基础工作

基于深圳市社会综合信息平台，掌握城市人口数量与结构变化、公共服务设施的供给数量与使用情况、公民医疗方便度、公民入学率与便捷度、养老比例与品质情况等信息，并结合世界宜居国家公共服务设施的供给水平，编制深圳市民生服务白皮书，细化对公民医疗、入学、养老等基本生活设施的需求与供给计划，进而确定各年度不同类别的民生用地需求。

2. 民生用地监控

土地市场“监控”数据各报送主体报送相关属性数据后，土地市场“监控”主管部门针对民生用地整理分析报送数据，特别关注教育科研用地、医疗卫生用地、文化及社会福利等民生用地相关属性数据。

3. 住宅用地异常发现与判断

结合深圳市民生服务白皮书与土地市场住宅用地监控数据，对比分析民生用地供应情况。如果民生用地供给数量与结构，与深圳市民生服务白皮书基本吻合，则表明民生用地供应正常。反之，如果市场监测中民生用地监控数据与深圳市民生服务白皮书中的民生用地需求数量相差较大，则表明住宅用地市场出现异常。如学校用地实际供给数量与深圳市民生服务白皮书需求数量相比偏少，则表明学校建设数量不足，学位将出现稀缺，直接影响适龄学生入学与学习。

表 4-4　深圳市民生用地监控信息表（2012 年度）[①]

属性名称	白皮书规划数量（公顷）	监测供应数量（公顷）
教育科研用地供应	178	---
医疗卫生用地供应	31	---
文化、社会福利及其他用地供应	58	---
合计	267	---

民生用地异常发现后，可进行异常偏离程度判断。如果民生用地中少部分类别供应不足，持续时间也较短，则可判定为民生用地供应轻微失灵；如果民生用地中大部分类别或各种类别均供应不足，持续时间也较长，则可判定为民生用地供应中度失灵或重度失灵。

4. 民生用地异常调节

针对民生用地供应轻微失灵状况，可要求对应的土地管理部门在土地利用年度计划、年度地价调节等日常土地管理中增加民生用地的供应，调整民生用地的供应结构，进行轻度调节即可。

针对民生用地供应中度失灵或重度失灵状况，则表明民生用地政策出现问题，可能部分行政官员恶意不供应民生用地，也可能是民生用地受到忽视，应责令对应的主管部门修正民生用地政策，及时保量供应民生用地，以满足公民的基本生活需要。

① 注：《深圳市民生服务白皮书》尚未编著，本表规划数据来源于深圳市规划和国土资源委员会官网上深圳市近期建设与土地利用规划年度实施计划公告数据，但实际供应数据未公布，http://www.szpl.gov.cn/xxgk/ghjh/gh/201207/t20120703_75210.html.

5. 民生用地调控评价

按照民生土地调控具体计划的时间节点，在民生用地市场调控措施落实的各个阶段，以及落实完毕后的恰当时间，开展民生用地供应调控评价。民生用地供应调控评价主要针对增加的民生用地供应能否满足历史遗留和现状增加的民生需求，并针对后续调控提出政策建议。民生用地调控评价成果应公开，既可作为地方政府年度工作报告的重要内容，又可作为人民代表提出议案的基础资料。

4.7.3 产业结构调控模拟

城市产业的发展是一个不断演进的过程。部分产业以前为城市发展作出了重大贡献，但已不适应现阶段的发展需求；部分新型产业开始出现，将在未来城市发展中发挥重要作用。产业结构的调整是城市政府面临的重要课题，而土地调控将为产业结构调整提供新的手段。

1. 基础工作

基于深圳市产业发展规划，掌握深圳市鼓励发展类产业、一般性发展产业、限制发展类产业、禁止发展类产业，进而明确深圳市需鼓励供应的产业用地类别、一般性供应的产业用地类别、限制供应的产业用地类别、禁止供应的产业用地类别。开展深圳市产业用地现状调查，分类统计现状条件下鼓励供应的产业用地数量、一般性供应的产业用地数量、限制供应的产业用地数量、禁止供应的产业用地数量。结合深圳市产业用地现状调查成果、深圳市产业发展规划和深圳市国民经济发展规划，编制深圳市产业用地调整计划，明确近期各年度、各类别产业用地的调整幅度。

2. 产业用地调整监控

土地市场"监控"数据各报送主体报送相关属性数据后，土地市场"监控"主管部门针对产业用地整理分析报送数据，特别关注鼓励类产业用地的供应数量、一般性产业用地的供应数量、限制类产业用地的供应数量、禁止类产业用地的供应数量。

表 4-5　深圳市产业用地调整监控信息表（2013 年度）①

属性名称	计划书调整数量（亩）	监测供应数量（亩）
鼓励类产业用地	—	—
一般性产业用地	—	—
限制类产业用地	—	—
禁止类产业用地	—	—

3. 产业用地调整异常发现与判断

结合深圳市产业用地调整计划与产业用地监控数据，对比分析产业用地调整情况。如果产业用地调整数量与结构，与深圳市产业用地调整计划基本吻合，则表明产业用地调整正常。反之，如果市场监测中产业用地监控数据与深圳市产业用地调整计划中的产业用地调整数量相差较大，则表明产业用地调整出现异常。如污染类工业用地指标，在深圳市产业用地调整计划中每年应减少，而在产业用地监控数据中却在增加，则表明产业用地调整出现异常。

产业用地异常发现后，可进行异常偏离程度判断。如果产业用地调整中少部分类别出现异常，持续时间也较短，则可判定为产业用地调整轻微失灵，如禁止类产业用地减少指标未完成，但鼓励类、一般类产

① 注：因深圳市尚未编制和公告产业用地调整计划，相关数据暂未采集。

业用地增加指标已完成，则表明产业用地调整方向正确，属于轻微失灵。如果产业用地中大部分类别或各种类别指标均未完成，持续时间也较长，则可判定为产业用地调整中度失灵或重度失灵。

4. 产业用地调整异常调节

针对产业用地调整轻微失灵状况，可要求对应的土地管理部门在土地利用年度计划、年度地价调节等日常土地管理中增加鼓励类、一般类产业用地的供应，减少限制类产业用地的供应，严格停止禁止类产业用地的供应，进行轻度调节。

针对产业用地调整中度失灵或重度失灵状况，则表明产业用地政策出现问题，可能部分行政官员拒绝执行产业用地调整政策，也可能部分地区恶意引进不符合产业发展的项目，应责令对应的主管部门修正产业用地调整政策，按照产业用地导向正确地供应或退出产业用地，确保产业用地调整计划得以实现。

5. 产业用地调控评价

按照产业用地调控具体计划的时间节点，在产业用地调控措施落实的各个阶段，以及落实完毕后的恰当时间，开展产业用地调控评价。产业用地调控评价主要目的是反映产业调整政策的执行情况，体现在城市落后产能的淘汰，以及城市新兴产业的培育，关系着城市的发展与未来。产业用地调控评价既可作为土地调控部门本轮调控成果汇报、下轮土地调控思路建立、后续土地政策制定等工作的基础，又可为修编深圳市产业发展规划提供重要参考。

第 5 章

概要、结论与建议

5.1　概要

20 世纪 30 年代以来，兴起于西方的宏观调控理论对国家经济治理模式产生了重大影响，西方国家纷纷对经济治理模式进行重大变革，从而在理论及实践上都取得了显著成果。但 20 世纪 80 年代后，传统的宏观调控理论未能有效解决现状问题，迫切需要从理论和实践上进行突破。中国地方政府运用土地政策进行宏观调控，是中国突破传统宏观调控理论，指导新形势下宏观调控实践的又一次尝试，本书对此问题展开了较为详尽的研究。

本书首先对中国地方政府运用土地政策参与宏观调控做了背景上的交代，并对已有的研究和理论基础进行综述，提出问题陈述。书中的第三章简述了本文的研究思路和技术路线；第四章是本文的核心章节，重点研究了目前地方政府运用土地政策参与宏观调控的现实意义、理论支撑、调控机理和框架体系，并选择典型城市——深圳，对宏观经济热点问题进行了实战模拟，以此作为中国地方政府运用土地政策参与宏观调控的经验借鉴。

作者通过研究发现：中国地方政府运用土地政策参与宏观调控具有理论上的可行性和实践上的必要性，中国地方政府可以并且应当在自身权限范围内运用土地政策参与宏观调控；地方政府运用土地政策参与宏观调控是个浩大的系统工程，但基于系统化、全程化、协同化和信息化的视角，可以构建达到应用层面的地方政府运用土地政策参与宏观调控框架体系；结合深圳市的实战模拟，验证出地方政府运用土地政策参与宏观调控框架体系，可以应用于针对住房不足、民生不周、产业结构不均衡等诸多宏观经济问题的调控工作中。

5.2 结论

地方政府运用土地政策参与宏观调控，是当前中国破解宏观调控困境，促进经济良性发展的紧要课题。笔者通过分析研究、调查研究和实践实证研究，借鉴前人的理论成果和先进经验，从实践的视角探寻中国地方政府运用土地政策参与宏观调控的新课题。经过较为系统的研究分析得出以下结论：

（1）中国地方政府运用土地政策参与宏观调控具有理论上的可行性和实践上的必要性。在西方传统经济理论无法解决中国宏观调控现实问题、中国政府自发进行宏观调控创新的背景下，适应经济理论开放性和不断发展的历史特点，基于经济体制转型、市场环境不佳、传统手段局限性等提出的必要性，以及土地公有制、生产要素理论、再生产理论、地租地价理论等表明的可行性，中国地方政府创造性地运用土地政策参与宏观调控具有较强的实践需求和较为夯实的理论基础。

（2）基于系统化、全程化、协同化和信息化的视角，可以构建达到应用层面的地方政府运用土地政策参与宏观调控框架体系。地方政府运用土地政策参与宏观调控是一个系统工程，具有时效性、复杂性、影响广泛等特点。以系统化、实践化、信息化的视角，结合目前中国行政机构层级与职能分工、土地管理的现实情况，构建出系统化、全过程、协同化、信息化的地方政府土地政策参与宏观调控框架体系，可以投入应用以满足现实条件下土地政策参与宏观调控的要求。

（3）经实战模拟验证，地方政府运用土地政策参与宏观调控框架体系，可以应用于针对住房不足、民生用地缺乏、产业结构不均衡等诸多宏观经济问题的调控工作中。理论研究的主要目的是指导实践，地方政府运用土地政策参与宏观调控理论研究的主要目的是指导地方政府运用土地政策优化宏观经济。本研究重点针对住房不足问题、民生用地缺乏问题、产业结构不均衡问题，模拟运行土地政策参与宏观调控框架体系，监测、发现与判别上述问题，并运用土地政策进行调节与优化，验证了地方政府运用土地政策参与宏观调控框架体系可以调控住房不足、民生不周、产业结构不均衡等诸多宏观经济问题。

5.3 启示

（1）本研究是对经济学理论中宏观调控理论的重要拓展。经典经济学理论较少涉及土地政策参与宏观调控的相关内容，地方政府运用土地政策参与宏观调控是一个前沿课题。本研究首先分析了地方政府运用土地政策参与宏观调控的背景、意义和理论基础，其次剖析了地方政府运用土地政策参与宏观调控的调控机理和优劣势，最后构建了系统化、全程化、协同化和信息化的调控体系，丰富了宏观调控理论。

（2）本研究促进了宏观调控理论在中国经济发展中的实践应用。在社会结构不断复杂化、行政权力不断分化的现实条件下，鼓励和引导地方政府运用土地政策参与宏观调控，不但能适应现实国情，充分发挥地方政府发展经济的积极性，而且能够通过“中央、地方一盘棋”的方式促进中国整体经济的良性发展。本研究构建的系统化、全程化、协同化和信息化的调控体系，经深圳市住房不足、民生用地缺乏、产业结构不均衡实战模拟，验证其能够投入实践应用，指导地方政府运用土地政策参与宏观调控。目前深圳等部分城市逐步加大土地政策参与宏观调控体系的建设力度，不断增强地方政府参与宏观调控的能力。地方政府运用土地政策参与宏观调控的研究，理顺了中央政府与地方政府参与宏观调控的分工协作关系，激发了地方政府参与宏观调控的热情，促进了宏观调控理论在中国的实践应用。

5.4 建议

1. 系统维度的土地调控再设计

建议地方政府用系统控制的观点来对各地土地政策参与宏观调控进行剖析和梳理，明晰土地政策参与宏观调控的“主体”“客体”“方式”“政策手段”“目标”以及“绩效”，构建土地政策参与宏观调控的系统模型，从而优化对土地政策参与宏观调控的理解和实践。

2. 全程维度的土地调控再设计

建议地方政府用从过程管理和质量管理的理念来分析土地政策参与宏观调控，将土地调控全程细分为“监控、发现、预判、调节、评价”五个首尾相连的流程，构建土地政策参与宏观调控的运行模型，有利于提高土地政策参与宏观调控的绩效水平。

3. 协同维度的土地调控再设计

建议地方政府用从协同的视角来定位宏观调控政策体系的新成员——土地政策调控，研究土地政策调控与财政政策、货币政策、产业政策等的协同关系，明确协同的原则和方式，建立目标协同、方向协同和行动协同的政策协同机制，有利于集中政策力量提高宏观调控能力。

4. 信息维度的土地调控再设计

建议地方政府从信息化的视角，利用计算机技术、数据库技术、互联网技术、遥感信息技术、物联网、云技术等先进技术构建土地调控信息系统，自动化、实时化、程序化实施“监控、发现、预判、调节、评价”等土地调控过程，为土地政策参与宏观调控提供智能化的技术辅助。

参考文献

[1] 马克思，恩格斯 . 马克思恩格斯全集 (第 25，26 卷)[M]. 北京 : 人民出版社，1975

[2] [美] 道格拉斯 · C. 诺思 . 制度、制度变迁与经济绩效 [M]. 上海 : 三联书店出版社，2008.

[3] [美] 伊利 · 莫尔豪斯 . 土地经济学原理 [M]. 上海 : 商务印书馆，1982.

[4] [加]M. 哥德伯戈，P. 钦洛依 . 城市土地经济学 [M]. 北京 : 中国人民大学出版社，1990.

[5] [美] 雷利 · 巴洛维 . 土地资源经济学 [M]. 北京 : 中国农业大学出版社，1998.

[6] 周诚 . 土地经济学 [M]. 北京 : 中国经济出版社，1987.

[7] 刘书楷，曲福田 . 土地经济学 [M]. 北京 : 中国农业出版社，2004:10-12.

[8] 曲福田 . 资源经济学 [M]. 北京 : 中国农业出版社，2001:63-64.

[9] 钱颖一 . 现代经济学与中国经济改革 [M]. 北京 : 中国人民大学出版社，2003.

[10] 唐旭 . 宏观调控面临的挑战 [J]. 武汉金融，2005，(8):4-7.

[11] 赵燕菁 . 宏观调控与制度创新 [J]. 城市规划，2004，(9):11-21.

[12] 胡建渊 . 新凯恩斯主义理论的演变理论探析 [J]. 当代经济研究，

2005(3):119-124.

[13] 王兰军 . 美国宏观调控政策对我国的启示 [J]. 宏观经济学，2005，（1）:40.

[14] 姜贤求 . 转型期的中国宏观调控体系研究—从韩国实践中得到的启示 . 北京：中国社会科学院博士学位论文，2002，(5)

[15] 刘树成 . 实现经济周期波动在适度高位的平滑化 [J]. 经济研究，2005，(11):10-21.

[16] 樊纲 . 抑制过热趋势—中国当前宏观经济形势分析 [J]. 经济界，2004，(1):18-23.

[17] 刘金全，顾洪梅 . 我国新一轮经济周期态势宏观调控取向 [J]. 学习与探索，2005，(1): 24.

[18] 胡海鸥 . 中国特色的 IS-LM 曲线和宏观政策效应 [J]. 上海经济研究，2001，(9):1-5.

[19] 郭凤琳 . 宏观调控政策剑指何方 [N]. 中国证券报，2006-07-24(3).

[20] 夏明文 . 土地与经济发展—理论分析与中国实证 [M]. 上海 : 复旦大学出版社，2001.

[21] 黄建洁 . 经济转型时期中国政府投资与经济增长研究 [D]. 福州 : 福建师范大学博士论文，2004.

[22] 尹锋，李慧中 . 建设用地、资本产出比率与经济增长—基于 1999-2005 年中国省际面板数据的分析 [J]. 世界经济文汇，2008，(2):13-27.

[23] 冯广京，土地政策 : 中国第三种宏观调控措施—国家体改委副主任乌杰谈土地宏观调控 [J]，中国土地，1996，（1）:23.

[24] [德] 丹宁格 . 促进增长与缓减贫闲的土地政策 [M]. 贺达水等

译 . 北京 : 中国人民大学出版社，2007.

[25] 姜爱玲 . 论土地政策的概念及特征 [J]. 国土资源科技与管理，2001，18(2):17-22.

[26] 林卿，何训坤 . 土地政策学 [M]. 北京 : 中国农业出版社，2002.

[27] 温家宝 . 全国深化改革严格土地管理工作电视电话会议 [C]，2004 年 10 月 28 日 .

[28] 姜爱林 . 改革开放以来中国土地政策的发展变迁 (1978-2002). 黑龙江: 绥化师专学报 .2004，(1):12-19

[29] 黄小虎 . 发挥土地宏观调控作用需要的问题 [J]. 开放导报，2004，（5）:58-60.

[30] 刘冬春 . 论土地政策参与国家宏观调控 [J]. 国土资源导刊，2005，（4）:15-16.

[31] 孙习稳 . 土地政策参与宏观调拧理论研究 [D]. 北京 : 中国地质大学博士论文，2007，5.

[32] 卢为民 . 土地政策与宏观调控 [M]. 北京 : 经济科学出版社，2008.

[33] 甘藏春 . 土地宏观调控创新理论与实践 [M]. 北京 : 中国财政经济出版社，2009:35.

[34] 黄小虎 . 严格控制城市的外延扩展 [J]. 红旗义稿，1997，(1):1-4.

[35] 曾宪久 . 中国的 IS-LM 模型及其货币政策传导 [J]. 经济学家，2001，(2):9-13.

[36] 殷凤娟 . 当前宏观经济形势下的财政与货币政策搭配 [J]. 哈尔滨商业大学学报，2006，(2):59-61.

[37] 祁敬宇，欧振坤 . 科学发展观指导下的财政政策和货币政策的协调运用 [J]. 广西 : 广西金融研究，2006，(1): 22-24.

[38] 王家庭，张换兆 . 土地政策参与宏观调控的理论分析及政策含义 . 山西：山西财经大学学报，2008，30(9): 1-5.

[39] 陈力南 . 新中国城市土地政策评析 [J]. 东北大学学报 (哲学社会科学版)，2006，(6):89-93.

[40] 勒相木 . 地根经济 : 一个研究范式及其对土地宏观调控的初步应用 [M]. 杭州 : 浙江大学出版社，2007.

[41] 孙文盛 . 如何运用土地政策参与国民经济宏观调控 [J]. 北京 : 国土资源通讯，2004，(7):27-29.

[42] 张青，胡凯 . 土地财政的起因与改革 [J]. 北京 : 财贸经济，2009，(9):77-81.

[43] 中国土地矿产法律事务中心 . 土地政策参与宏观调拧探索 [M]. 北京 : 地质出版社，2007，3.

[44] 李明月 . 我国城市土地资源配置的市场化研究 [M]. 北京 : 中国经济出版社，2007，3.

[45] 杨志荣 . 土地供给政策参与宏观调控的理论与实证研究 [M]. 四川 : 电子科技大学出版社，2009，10.

[46] 李文忠 . 发挥土地“闸门”作用，提高宏观调控效果 [J]. 宏观经济管理，2008，(5):27-29.

[47] 宋红梅 . 土地政策参与宏观经济调控的几点认识 [J]. 现代农业科技，2006，(8):197-199.

[48] 丰雷，蒋妍 . 土地政策参与宏观调控的途径和力式 [N]. 光明日报，2006-06-24(4).

[49] 郭其友，陈婧 . 土地供给与经济周期 : 土地政策参与宏观调控的理论诠证 [J]. 当代经济研究，2007，(5): 50-53.

[50] 汪晖，蔡枚杰 . 土地供应在经济增长中的贡献研究—基于浙江省的面板数据分析 [A]. 海峡两岸土地学术研讨会，2006.

[51] 周京奎 . 金融支持过度与房地产泡沫 [M]. 北京 : 北京大学出版社，2005.

[52] 徐滇庆 . 房价与泡沫经济 [M]. 北京 : 机械工业出版社，2006.

[53] 汪守宏 . 中国房地产市场发展的历史路径 [J]. 银行家，2003，(3):94-95.

[54] 朱思文 . 我国房地产市场现状及解决措施的探讨 [J]. 价格理论与实践，2002，(5):44-45.

[55] 谢家瑾 . 当前房地产市场变化与走势 [J]. 城市开发，2005，(12):4-7.

[56] 魏革军 . 中国货币政策传导机制研究 [M]. 北京 : 中国金融出版社，2001.

[57] 戴有根 . 中国货币政策传导机制 [M]. 北京 : 经济科学出版社，2001.

[58] 宋立等 . 中国货币政策传导机制与金融体系重构 [M]. 北京 : 中国计划出版社，2005.

[59] 徐建春 . 土地储备创新及拓展完善 [J]. 中国土地科学，2002，(2).

[60] 胡红兵等 . 土地储备及供应机制浅析，21 世纪地政研究与探索 [M]. 武汉 : 中国地质大学出版社，2003.

[61] 张文新 . 论城市土地储备的理论基础 [J]. 城市发展研究，2004，(2).

[62] 蒲春玲、杨雪莲 . 城市土地收购储备模式比较及其运作研究，21 世纪中国土地科学与社会发展 [M]. 北京 : 中国大地出版社，2003.

[63] 上海社会科学院房地产业研究中心，上海市房产经济学会 . 土地供给在宏观调控中的传导 [M]，北京 : 上海社会科学院出版社，

2007.

[64] 张力炜，濮晔. 对土地由场宏观调控与管理的国际经验比较 [J]. 北方经济，1995，(3):37-40.

[65] 戚名琛. 论地租地价对城市土地利用的调节作用 [J]. 中国土地科学，1994，(7): 16-20.

[66] 邵捷传. 地租和地价是国家直技掌握的宏观经济调控的杠杆 [J]. 中国土地科学，1996，(10):63-65.

[67] 伯齐. 应允分地发挥土地的宏观调控作用. 中国土地，1995，(5):31

[68] 郭洁. 土地关系宏观调控规范若干问题探讨 [J]. 政法论坛，2004，(1):15-17.

[69] 刘维新. 从土地使用制度创新着手参与宏观调控 [J]. 绿色中国 : 理论版，2004，(9):38-39.

[70] 黄凌翔，陈学会. 土地攻策作为宏观调控手段的理论和实践探讨 [J]. 经济问题，2005，(2):17-19.

[71] 卢新海. 土地政策参与宏观调控对房地产市场的影响 [J]. 中国房地产，2006，(4):69-70.

[72] 吴国凯. 中国共产党的土地政策的历史发展和现实启示 [D]. 西安 : 西安建筑科技大学学位论文，2010.

[73] 扈悦海. 土地政策与金融产业发展关系研究 [D]. 上海 : 复旦大学学位论文，2010.

[74] 潘艳. 中国粮食市场宏观调控政策研究 [D]. 湖南 : 湖南科技大学学位论文，2010.

[75] 翟阳. 建国以来我国土地政策的演变及评估 [D]. 山西 : 山西大学学位论文，2011.

[76] 黄晓宇，蒋妍．土地市场与宏观经济关系的理论分析及实证检验[J]. 中国土地科学，2006，(4): 2-8.

[77] 刘艳君等．土地供给在宏观调拧中的传导 [M]. 上海：上海社会科学院出版社，2007:1-32.

[78] 郝书辰，李军杰．土地调控应着力于土地利益分配的再调整 [J]. 宏观经济管理，2007，(3):21-23.

[79] 诸逸飞，唐云松，龙大江．试论我国土地政策参与经济结构调整[J]. 国土资源情报；2010，(8).

[80] 王峰，刘经纬．浅析目前我国土地政策参与国家宏观经济调控 [J]. 民营科技，2011，(3).

[81] 唐健．在改革中增强调控能力 [N]. 中国国土资源报，2010-01-25.

[82] 戴伟娟．城市化进程中农村土地流转问题研究 [D]. 上海社会科学院，2010.

[83] 胡伟伟．兼顾公平与效率的我国土地制度改革研究 [D]. 中国地质大学 (北京)，2012.

[84] 李鑫，欧名豪．建设用地供给创新：总量控制 + 差别化调控 [J]. 中国土地，2011，(8).

[85] 赵大勇，斯琴，王友军．对土地政策参与宏观调控的探讨 [J]. 西部资源，2008，(3): 23-26.

[86] Aubin J.P. A survey of viability theory[J]. SIAM J Control，1990，28:749-788.

[87] David E.Dowall. The role and function of urban land markets in marketeconomies[J].presented at workshop on privatization of land in Ukraine，1993，5: 12-14.

[88] HuX.T.，PuL.J.，HuangX.J.，ChenZ.G，LiuC.S. Temporal impacts of land on estate price—a case study of nanjing china[J].Land Scienee，2005.

[89] Sun S.H. Global city making inSingaPore:a real estate Perspective[J] Progress in Planning，2005，64(2):69-175.

[90] Ford J.S.，Ronald C.R.YavasA. The effeets of the internet on marketing residential real estate[J].Journal of Hotising Eeonomies，2005，14(2):92-108.

[91] DingChengri，Erik.Liehtenbrg. Can Land be Used a effective policy Instrument to promote Urban Growth:EvidencefromChina[J]. UrbanStudies，2006.

[92] EdwardH.Ziegle. Transfer Development Rights And Land Use planning in the United States[J].LiverpoolLawReview，1996，18(2).

[93] JohnE.Anderson. Taxes and Fee as Forms of Land Use Regulation[J]. The journal of Real Estate Finance and Economies，2005，31(4).

[94] Monk s.，White hesaC.M.E.. Evaluating the Economic Impact of Planning Controls in the United Kingdom[J].Land Economies，1999，1.

附件：土地政策参与宏观调控规范性文件选编

国务院关于深化改革严格土地管理的决定（国发[2004]28号）

各省、自治区、直辖市人民政府，国务院各部委、各直属机构：

实行最严格的土地管理制度，是由我国人多地少的国情决定的，也是贯彻落实科学发展观，保证经济社会可持续发展的必然要求。去年以来，各地区、各部门认真贯彻党中央、国务院部署，全面清理各类开发区，切实落实暂停审批农用地转用的决定，土地市场治理整顿取得了积极进展，有力地促进了宏观调控政策的落实。但是，土地市场治理整顿的成效还是初步的、阶段性的，盲目投资、低水平重复建设，圈占土地、乱占滥用耕地等问题尚未根本解决。因此，必须正确处理保障经济社会发展与保护土地资源的关系，严格控制建设用地增量，努力盘活土地存量，强化节约利用土地，深化改革，健全法制，统筹兼顾，标本兼治，进一步完善符合我国国情的最严格管理制度。现决定如下：

一、严格执行土地管理法律法规

（一）牢固树立遵守土地法律法规的意识。各地区、各有关部门要深入持久地开展土地法律法规的学习教育活动，深刻认识我国国情和保护耕地的极端重要性，本着对人民、对历史负责的精神，严格依法管理土地，积极推进经济增长方式的转变，实现土地利用方式的转变，走符合中国国情的新型工业化、城市化道路。进一步提高依法管地用地的意识，要在法律法规允许的范围内合理用地。对违反法律法规批地、占地的，必须承担法律责任。

（二）严格依照法定权限审批土地。农用地转用和土地征收的审批权在国务院和省、自治区、直辖市人民政府。各省、自治区、直辖市人民政府不得违反法律和行政法规的规定下放土地审批权。严禁规避法定审批权限，将单个建设项目用地拆分审批。

（三）严格执行占用耕地补偿制度。各类非农业建设经批准占用耕地的，建设单位必须补充数量、质量相当的耕地，补充耕地的数量、质量实行按等级折算，防止占多补少、占优补劣。不能自行补充的，必须按照各省、自治区、直辖市的规定缴纳耕地开垦费。耕地开垦费要列入专户管理，不得减免和挪作他用。政府投资的建设项目也必须将补充耕地费用列入工作概算。

（四）禁止非法压低地价招商。省、自治区、直辖市人民政府要依照基准地价制定并公布协议出让土地最低价标准。协议出让土地除必须严格执行规定程序外，出让价格不得低于最低价标准。违反规定出让土地造成国有土地资产流失的，要依法追究责任；情节严重的，依照《中华人民共和国刑法》的规定，以非法低价出让国有土地使用权罪追究刑事责任。

（五）严格依法查处违反土地管理法律法规的行为。当前要着重解决有法不依、执法不严、违法不究和滥用行政权力侵犯农民合法权益的问题。要加大土地管理执法力度，严肃查处非法批地、占地等违法案件。建立国土资源与监察等部门联合办案和案件移送制度，既查处土地违法行为，又查处违法责任人。典型案件，要公开处理。对非法批准占用土地、征收土地和非法低价出让国有土地使用权的国家机关工作人员，依照《监察部国土资源部关于违反土地管理规定行为行政处分暂行办法》给予行政处分；构成犯罪的，依照《中华人民共和国刑法》《中华人民共和国土地管理法》《最高人民法院关于审理破坏土地资源刑事案件具体应用法律若干问题的解释》和最高人民检察院关于渎职犯罪案件标准的规定，追究刑事责任。对非法批准征收、使用土地，给当事人造成损失的，还必须依法承担赔偿责任。

二、加强土地利用总体规划、城市总体规划、村庄和集镇规划实施管理

（六）严格土地利用总体规划、城市总体规划、村庄和集镇规划修改的管理。在土地利用总体规划和城市总体规划确定的建设用地范围内，不得设立各类开发区（园区）和城市新区（小区）。对清理后拟保留的开发区，必须依据土地利用总体规划和城市总体规划，按照布局集中、用地集约和产业集聚的原则严格审核。严格土地利用总体规划的修改，凡涉及改变土地利用方向、规模、重大布局等原则性修改，必须报原批准机关批准。城市总体规划、村庄和集镇规划也不得擅自修改。

（七）加强土地利用计划管理。农用地转用的年度计划实行指令性管理，跨年度结转使用计划指标必须严格规范。改进农用地转用年度计划下达和考核办法，对国家批准的能源、交通、水利、矿山、军事设施等重点建设项目用地和城、镇、村的建设用地实行分类下达，并按照定额指标、利用效益等分别考核。

（八）从严从紧控制农用地转为建设用地的总量和速度。加强农用地转用审批的规划和计划审查，强化土地利用总体规划和土地利用年度计划对农用地转用的控制和引导，凡不符合规划、没有农用地转用年度计划指标的，不得批准用地。为巩固土地市场治理整顿成果，2004年农用地转用计划指标不再追加；对过去拖欠农民的征地补偿安置费在2004年年底前不能足额偿还的地方，暂缓下达该地区的2005年农用地的转用计划。

（九）加强建设项目用地预审管理。凡不符合土地利用总体规划、没有农用地转用计划指标的建设项目，不得通过项目用地预审。发展改革等部门要通过适当方式告知项目单位开展前期工作，项目单位提出用地预审申请后，国土资源部门要依法对建设项目用地进行审查。项目建设单位向发展改革等部门申请核准或审批建设项目时，必须附国土资源部门预审意见；没有预审意见或预审未通过的，不得核准或批准建设项目。

（十）加强村镇建设用地的管理。要按照控制总量、合理布局、节约用地、保护耕地的原则，编制乡（镇）土地利用总体规划、村庄和集镇规划，明确小城镇和农村居民点的数量、布局和规模。鼓励农村建设用地整理，城镇建设用地增加要与农村建设用地减少相挂钩。农村集体建设用地，必须符合土地利用总体规划、村庄和集镇规划，并纳入土地利用年度计划，凡占用农用地的必须依法办理审批手续。禁止擅自通过“村改居”等方式将农民集体所有土地转为国有土地。禁止农村集体经济组织非法出让、出租集体土地用于非农业建设。改革和完善宅基地审批制度，加强农村宅基地管理，禁止城镇居民在农村购置宅基地。引导新办乡村工业向建制镇和规划确定的小城镇集中。在符合规划的前提下，村庄、集镇、建制镇中的农民集体所有建设用地使用权可以依法流转。

（十一）严格保护基本农田。基本农田是确保国家粮食安全的基础。土地利用总体规划修编，必须保证现有基本农田总量不减少，质量不降低。基本农田要落实到地块和农户，并在土地所有权证书和农村土地承包经营权证书中注明。基本农田保护图件备案工作，应在新一轮土地利用总体规划修编后三个月内完成。基本农田一经划定，任何单位和个人不得擅自占用，或者擅自改变用途，这是不可逾越的“红线”。符合法定条件，确需改变和占用基本农田的，必须报国务院批准；经批准占用基本农田的，征地补偿按法定最高标准执行，对以缴纳耕地开垦费方式补充耕地的，缴纳标准按当地最高标准执行。禁止占用基本农田挖鱼塘、种树和其他破坏耕作层的活动，禁止以建设“现代农业园区”或者“设施农业”等任何名义，占用基本农田变相从事房地产开发。

三、完善征地补偿和安置制度

（十二）完善征地补偿办法。县级以上地方人民政府要采取切实措施，使被征地农民生活不因征地而降低。要保证依法足额和及时支付土地补偿费、安置补助费以及地上附着物和青苗补偿费。依照现行法律规定支付土地补偿费和安置补助费，尚不能使被征地农民保持原有生活水平的，不足以支付因征地而导致无地农民社会保障费用的，省、自治区、直辖市人民政府应当批准增加安置补助费。土地补偿费和安置补助费的总和达到法定上限，尚不足以使被征地农民保持原有生活水平的，当地人民政府可以用国有土地有偿使用收入予以补贴。省、自治区、直辖市人民政府要制订并公布各市县征地的统一年产值标准或区片综合地价，征地补偿做到同地同价，国家重点建设项目必须将征地费用足额列入概算。大中型水利、水电工程建设征地的补偿费标准和移民安置办法，由国务院另行规定。

（十三）妥善安置被征地农民。县级以上地方人民政府应当制定具体办法，使被征地农民的长远生计有保障。对有稳定收益的项目，农民可以经依法批准的建设用地土地使用权入股。在城市规划区内，当地人民政府应当将因征地导致无地的农民，纳入城镇就业体系，并建立社会保障制度；在城市规划区内，征收农民集体所有土地时，当地人民政府要在本行政区域内为被征地农民留有必要的耕作土地或安排相应的工作岗位；对不具备基本生产生活条件的无地农民，应当异地移民安置。劳动和社会保障部门要会同有关部门尽快提出建立被征地农民的就业培训和社会保障制度的指导性意见。

（十四）健全征地程序。在征地过程中，要维护农民集体土地所有权和农民土地承包经营权的权益。在征地依法报批前，要将拟征地的用途、位置、补偿标准、安置途径告知被征地农民；对拟征土地现状的调查结果须经被征地农村集体经济组织和农户确认；确有必要的，国土资源部门应当依照有关规定组织听证。要将被征地农民知情、确认的有关材料为征地报批的必备材料。要加快建立和完善征地补偿安置争议的协调和裁决机制，维护被征地农民和用地者的合法权益。经批准的征地事项，除特殊情况外，应予以公示。

（十五）加强对征地实施过程监管。征地补偿安置不落实的，不得强行使用被征土地。省、自治区、直辖市人民政府应当根据土地补偿费主要用于被征地农户的原则，制订土地补偿费在农村集体经济组织内部的分配办法。被征地的农村集体经济组织应当将征地补偿费用的收支和分配情况，向本集体经济组织成员公布，接受监督。农业、民政等部门要加强对农村集体经济组织内部征地补偿费用分配和使用的监督。

四、健全土地节约利用和收益分配机制

（十六）实行强化节约和集约用地政策。建设用地要严格控制增量，积极盘活存量，把节约用地放在首位，重点在盘活存量上下功夫。新上建设项目首先要利用现有建设用地，严格控制建设占用耕地、林地、草原和湿地。开展对存量建设用地资源的普查，研究制定鼓励盘活存量的政策措施。各地区、各有关部门要按照集约用地的原则，调整有关厂区绿化率的规定，不得圈占土地搞“花园式工厂”。在开发区（园区）推广多层标准厂房。对工业用地在符合规划、不改变原用途的前提下，提高土地利用率和增加容积的，原则上不再收取或调整土地有偿使用费。基础设施和公益性建设项目，也要节约合理用地。今后，供地时要将土地用途、容积率等使用条件的约定写入土地使用合同。对工业项目必须有投资强度、开发进度等控制性要求。土地使用权人不按照约定条件使用土地的，要承担相应的违约责任。在加强耕地占用税、城镇土地使用税、土地增值税征收管理的同时，进一步调整和完善相关税制，加大对建设用地取得和保有环节的税收调节力度。

（十七）推进土地资源的市场化配置。严格控制划拨用地范围，经营性基础设施用地要逐步实行有偿使用。运用价格机制抑制多占、滥占和浪费土地。除按现行规定必须实行招标、拍卖、挂牌出让的用地外，工业用地也要创造条件逐步实行招标、拍卖、挂牌出让。经依法批准利用原有划拨土地进行经营性开发建设的，应当按照市场价补缴土地出让金。经依法批准转让原划拨土地使用权的，应当在土地有形市场公开交易，按照市场价补缴土地出让金；低于市场价交易的，政府应当行使优先购买权。

（十八）制订和实施新的土地使用标准。依照国家产业政策，国土资源部门对淘汰类、限制类项目分别实行禁止和限制用地，并会同有关部门制订工程项目建设用地定额标准，省、自治区、直辖市人民政府可以根据实际情况制订具体实施办法。继续停止高档别墅类房地产、高尔夫球场等用地的审批。

（十九）严禁闲置土地。农用地转用批准后，满两年未实施具体征地或用地行为的，批准文件自动失效；已实施征地，满两年未供地的，在下达下一年度的农用地转用计划时扣减相应指标，对具备耕作条件的土地，应当交原土地使用者继续耕种，也可以由当地人民政府组织耕种。对用地单位闲置的土地，严格依照《中华人民共和国土地管理法》的有关规定处理。

（二十）完善新增建设用地土地有偿使用费收缴办法。新增建设用地土地有偿使用费实行先缴后分，按规定的标准就地全缴入国库，不得减免，并由国库按规定的比例就地分成划缴。审计部门要加强对新增建设用地土地有偿使用费和使用的监督检查。对减免和欠缴的，要依法追缴。财政部、国土资源部要适时调整新增建设用地土地有偿使用费收费标准。新增建设用地土地有偿使用费要严格按法定用途使用，由中央支配的部分，要向粮食主产区倾斜。探索建立国有土地收益基金，遏制片面追求土地收益的短期行为。

五、建立完善耕地保护和土地管理的责任制度

（二十一）明确土地管理的权力和责任。调控新增建设用地总量的权力和责任在中央，盘活存量建设用地的权力和利益在地方，保护和合理利用土地责任在地方各级人民政府，省、自治区、直辖市人民政府应负主要责任。在确保严格实施土地利用总体规划，不突破土地利用年度计划的前提下，省、自治区、直辖市人民政府可以统筹本行政区域内的用地安排，依照法定权限对农用地转用和土地征收进行审批，按规定用途决定新增建设用地土地有偿使用费地方分成部门的分配和使用，组织本行政区域内耕地占补平衡，并对土地管理法律法规执行情况进行监督检查。地方各级人民政府要对土地利用总体规划确定的本行政区域内的耕地保有量和基本农田保护面积负责，政府主要领导是第一责任人。地方各级人民政府都要建立相应的工作制度，采取多种形式，确保耕地保护目标落实到基层。

（二十二）建立耕地保护责任的考核体系。国务院定期向各省、自治区、直辖市下达耕地保护责任考核目标。各省、自治区、直辖市人民政府每年要向国务院报告耕地保护责任目标的履行情况。实行耕地保护责任考核的动态监测和预警制度。国土资源部会同农业部、监察部、审计署、统计局等部门定期对各省、自治区、直辖市耕地保护责任目标履行情况进行检查和考核，并向国务院报告。对认真履行责任目标，成效突出的，要给予表彰，并在安排中央支配的新增建设用地土地有偿使用费时予以倾斜。对没有达到责任目标的，要在全国通报，并责令限期补充耕地和补划基本农田。对土地开发整理补充耕地的情况也要定期考核。

（二十三）严格土地管理责任追究制。对违反法律规定擅自修改土地利用总体规划的、发生非法占用基本农田的、未完成耕地保护责任考核目标的、减免和欠缴新增建设用地土地有偿使用费的、未按期完成基本农田图件备案工作的，要严肃追究责任，对有关责任人员由上级主管部门或监察机关依法定权限给予行政处分。同时，上级政府要责令限期整改，整改期间暂停农用地转用和征地审批。具体办法由国土资源部会同有关部门另行制订。实行补充耕地监督的责任制，国土资源部门和农业部门负责对补充耕地的数量和质量进行验收，并对验收结果承担责任。省、自治区、直辖市国土资源部门和农业部门要加强监督检查。

（二十四）强化对土地执法行为的监督。建立公开的土地违法立案标准。对有案不查、执法不严的，上级国土资源部门要责令其作出行政处罚决定或直接给予行政处罚。坚决纠正违法用地只通过罚款就补办合法手续的行为。对违法用地及其建筑物和其他设施，按法律规定应当拆除或没收的，不得以罚款、补办手续取代；确需补办手续的，依法处罚后，从新从高进行征地补偿和收取土地出让金及有关规费。完善土地执法监察体制，建立国家土地督察制度，设立国家土地总督察，向地方派驻土地督察专员，监督土地执法行为。

（二十五）加强土地管理行政能力建设，2004年年底以前要完成省级以下国土资源管理体制改革，理顺领导干部管理体制、工作机制和加强基层队伍建设。市、县人民政府要保证基层国土资源管理所机构、编制、经费到位，切实发挥基层国土资源管理所在土地管理执法中的作用。国土资源部要会同有关部门抓紧建立和完善统一的土地分类、调查、登记和统计制度，启动新一轮土地调查，保证土地数据的真实性。组织实施“金土工程”。充分利用现代高新技术加强土地利用动态监测，建立土地利用总体规划实施、耕地保护、土地市场的动态监测网络。

各地区、各有关部门要以“三个代表”重要思想为指导，牢固树立科学发展观和正确的政绩观，把落实好最严格的土地管理制度作为对执政能力和依法行政能力的检验。高度重视土地的保护和合理利用，认真总结经验，积极推进土地管理体制改革，不断完善土地法制，建立严格、科学、有效的土地管理制度，维护好广大人民群众的根本利益，确保经济社会的可持续发展。

中华人民共和国国务院

2004年10月21日

国务院关于加强土地调控有关问题的通知（国发[2006] 31号）

各省、自治区、直辖市人民政府，国务院各部委、各直属机构：

党中央、国务院高度重视土地管理和调控。2004年印发的《国务院关于深化改革严格土地管理的决定》（国发［2004］28号），在严格土地执法、加强规划管理、保障农民权益、促进集约用地、健全责任制度等方面，作出了全面系统的规定。各地区、各部门采取措施，积极落实，取得了初步成效。但是，当前土地管理特别是土地调控中出现了一些新动向、新问题，建设用地总量增长过快，低成本工业用地过度扩张，违法违规用地、滥占耕地现象屡禁不止，严把土地“闸门”任务仍然十分艰巨。为进一步贯彻落实科学发展观，保证经济社会可持续发展，必须采取更严格的管理措施，切实加强土地调控。现就有关问题通知如下：

一、进一步明确土地管理和耕地保护的责任

地方各级人民政府主要负责人应对本行政区域内耕地保有量和基本农田保护面积、土地利用总体规划和年度计划执行情况负总责。将新增建设用地控制指标（包括占用农用地和未利用地）纳入土地利用年度计划，以实际耕地保有量和新增建设用地面积，作为土地利用年度计划考核、土地管理和耕地保护责任目标考核的依据；实际用地超过计划的，扣减下一年度相应的计划指标。国土资源部要加强对各地实际建设用地和土地征收情况的核查。

按照权责一致的原则，调整城市建设用地审批方式。在土地利用总体规划确定的城市建设用地范围内，依法由国务院分批次审批的农用地转用和土地征收，调整为每年由省级人民政府汇总后一次申报，经国土资源部审核，报国务院批准后由省级人民政府具体组织实施，实施方案报国土资源部备案。

严格实行问责制。对本行政区域内发生土地违法违规案件造成严重后果的，对土地违法违规行为不制止、不组织查处的，对土地违法违规问题隐瞒不报、压案不查的，应当追究有关地方人民政府负责人的领导责任。监察部、国土资源部要抓紧完善土地违法违规领导责任追究办法。

二、切实保障被征地农民的长远生计

征地补偿安置必须以确保被征地农民原有生活水平不降低、长远生计有保障为原则。各地要认真落实国办发［2006］29 号文件的规定，做好被征地农民就业培训和社会保障工作。被征地农民的社会保障费用，按有关规定纳入征地补偿安置费用，不足部分由当地政府从国有土地有偿使用收入中解决。社会保障费用不落实的不得批准征地。

三、规范土地出让收支管理

国有土地使用权出让总价款全额纳入地方预算，缴入地方国库，实行“收支两条线”管理。土地出让总价款必须首先按规定足额安排支付土地补偿费、安置补助费、地上附着物和青苗补偿费、拆迁补偿费以及补助被征地农民社会保障所需资金的不足，其余资金应逐步提高用于农业土地开发和农村基础设施建设的比重，以及用于廉租住房建设和完善国有土地使用功能的配套设施建设。

四、调整建设用地有关税费政策

提高新增建设用地土地有偿使用费缴纳标准。新增建设用地土地有偿使用费缴纳范围，以当地实际新增建设用地面积为准。新增建设用地土地有偿使用费专项用于基本农田建设和保护、土地整理、耕地开发。对违规减免和欠缴的新增建设用地土地有偿使用费，要进行清理，限期追缴。其中，国发［2004］28 号文件下发后减免和欠缴的，要在今年年底前全额清缴；逾期未缴的，暂不办理用地审批。财政部会同国土资源部要抓紧制订新增建设用地土地有偿使用费缴纳标准和适时调整的具体办法，并进一步改进和完善新增建设用地土地有偿使用费的分配使用管理。

提高城镇土地使用税和耕地占用税征收标准，财政部、税务总局会同国土资源部、法制办要抓紧制订具体办法。财税部门要加强税收征管，严格控制减免税。

五、建立工业用地出让最低价标准统一公布制度

国家根据土地等级、区域土地利用政策等，统一制订并公布各地工业用地出让最低价标准。工业用地出让最低价标准不得低于土地取得成本、土地前期开发成本和按规定收取的相关费用之和。工业用地必须采用招标拍卖挂牌方式出让，其出让价格不得低于公布的最低价标准。低于最低价标准出让土地，或以各种形式给予补贴或返还的，属非法低价出让国有土地使用权的行为，要依法追究有关人员的法律责任。

六、禁止擅自将农用地转为建设用地

农用地转为建设用地，必须符合土地利用总体规划、城市总体规划、村庄和集镇规划，纳入年度土地利用计划，并依法办理农用地转用审批手续。禁止通过“以租代征”等方式使用农民集体所有农用地进行非农业建设，擅自扩大建设用地规模。农民集体所有建设用地使用权流转，必须符合规划并严格限定在依法取得的建设用地范围内。未依法办理农用地转用审批，国家机关工作人员批准通过“以租代征”等方式占地建设的，属非法批地行为；单位和个人擅自通过“以租代征”等方式占地建设的，属非法占地行为，要依法追究有关人员的法律责任。

七、强化对土地管理行为的监督检查

国家土地督察机构要认真履行国务院赋予的职责，加强对地方人民政府土地管理行为的监督检查。对监督检查中发现的违法违规问题，要及时提出纠正或整改意见。对纠正整改不力的，依照有关规定责令限期纠正整改。纠正整改期间，暂停该地区农用地转用和土地征收。

国土资源管理部门及其工作人员要严格执行国家土地管理的法律法规和方针政策，依法行政，对土地利用情况的真实性和合法性负责。凡玩忽职守、滥用职权、徇私舞弊、不执行和不遵守土地管理法律法规的，依照有关法律法规追究有关领导和人员的责任。

八、严肃惩处土地违法违规行为

国家机关工作人员非法批准征收、占用土地，或者非法低价出让国有土地使用权，触犯刑律的，依法追究刑事责任。对不执行国家土地调控政策、超计划批地用地、未按期缴纳新增建设用地土地有偿使用费及其他规定税费、未按期足额支付征地补偿安置费而征占土地，以及通过调整土地利用总体规划擅自改变基本农田位置，以规避建设占用基本农田应依法上报国务院审批的，要追究有关人员的行政责任。

完善土地违法案件的查处协调机制，加大对土地违法违规行为的查处力度。监察部要会同国土资源部等有关部门，在近期集中开展一次以查处非法批地、未批先用、批少用多、非法低价出让国有土地使用权等行为为重点的专项行动。对重大土地违法违规案件要公开处理，涉嫌犯罪的，要移送司法机关依法追究刑事责任。

各地区、各部门要以邓小平理论和“三个代表”重要思想为指导，全面落实科学发展观，充分认识实行最严格土地管理制度的重要性，认真贯彻、坚决执行中央关于加强土地调控的各项措施。各地区要结合执行本通知，对国发［2004］28号文件实施以来的土地管理和利用情况进行全面自查，对清查出的土地违法违规行为必须严肃处理。发展改革委、监察部、财政部、劳动保障部、国土资源部、建设部、农业部、人民银行、税务总局、统计局、法制办等部门要各司其职、密切配合，尽快制定本通知实施的配套文件，共同做好加强土地调控的各项工作。国土资源部要会同监察部等有关部门做好对本通知贯彻执行情况的监督检查。各地区、各部门要在2006年年底前将贯彻执行本通知的情况向国务院报告。

国务院

2006年8月31日

国务院办公厅关于促进房地产市场平稳健康发展的通知（国办发[2010]4号）

各省、自治区、直辖市人民政府，国务院各部委、各直属机构：

2008年四季度以来，各地区、各有关部门认真贯彻落实国务院关于促进房地产市场健康发展的一系列政策措施，取得了积极成效，新建商品住房成交面积大幅度增加，保障性安居工程建设进度进一步加快，这对于提振信心、活跃市场、解决低收入家庭住房困难问题、促进住房消费和投资，实现保增长、扩内需、惠民生的目标，发挥了重要作用。但是，随着房地产市场的回升，近期部分城市出现了房价上涨过快等问题，需要引起高度重视。为进一步加强和改善房地产市场调控，稳定市场预期，促进房地产市场平稳健康发展，经国务院同意，现就有关问题通知如下：

一、增加保障性住房和普通商品住房有效供给

（一）加快中低价位、中小套型普通商品住房建设。对已批未建、已建未售的普通商品住房项目，要采取促开工、促上市措施，督促房地产开发企业加快项目建设和销售。要适当加大经济适用住房建设力度，扩大经济适用住房供应范围。商品住房价格过高、上涨过快的城市，要切实增加限价商品住房、经济适用住房、公共租赁住房供应。

（二）增加住房建设用地有效供应，提高土地供应和开发利用效率。各地要根据房地产市场运行情况，把握好土地供应的总量、结构和时序。城市人民政府要在城市总体规划和土地利用总体规划确定的城市建设用地规模内，抓紧编制 2010 — 2012 年住房建设规划，重点明确中低价位、中小套型普通商品住房和限价商品住房、公共租赁住房、经济适用住房、廉租住房的建设规模，并分解到住房用地年度供应计划，落实到地块，明确各地块住房套型结构比例等控制性指标要求。房价过高、上涨过快、住房有效供应不足的城市，要切实扩大上述五类住房的建设用地供应量和比例。要加强商品住房项目的规划管理，提高规划审批效率。要及时向社会公布住房用地年度供应计划，对需要办理农用地征转用手续的，要加快审批工作，确保供地计划落到实处。

二、合理引导住房消费抑制投资投机性购房需求

（三）加大差别化信贷政策执行力度。金融机构在继续支持居民首次贷款购买普通自住房的同时，要严格二套住房购房贷款管理，合理引导住房消费，抑制投资投机性购房需求。对已利用贷款购买住房、又申请购买第二套（含）以上住房的家庭（包括借款人、配偶及未成年子女），贷款首付款比例不得低于40%，贷款利率严格按照风险定价。

（四）继续实施差别化的住房税收政策。要严格执行国家有关个人购买普通住房与非普通住房、首次购房与非首次购房的差别化税收政策。对不符合规定条件的，一律不得给予相关税收优惠。同时，要加快研究完善住房税收政策，引导居民树立合理、节约的住房消费观念。

三、加强风险防范和市场监管

（五）加强房地产信贷风险管理。金融机构要进一步完善房地产信贷风险管理制度，坚持公平、有序竞争，严格执行信贷标准。要严格执行房地产项目资本金要求，严禁对不符合信贷政策规定的房地产开发企业或开发项目发放房地产开发贷款。人民银行、银监会要加大对金融机构房地产贷款业务的监督管理和窗口指导。有关部门要加强对信贷资金流向和跨境投融资活动的监控，防范信贷资金违规进入房地产市场，防止境外“热钱”冲击我国市场。

（六）继续整顿房地产市场秩序。住房城乡建设部门要会同有关部门，加大对捂盘惜售、囤积房源，散布虚假信息、扰乱市场秩序等违法违规行为的查处力度，加强对住房特别是保障性住房的工程质量安全监管。国土资源部门要严格土地出让价款的收缴，深化合同执行监管，加强对闲置土地的调查处理，严厉查处违法违规用地和囤地、炒地行为。价格等有关部门要强化商品住房价格监管，依法查处在房地产开发、销售和中介服务中的价格欺诈、哄抬房价以及违反明码标价规定等行为。税务部门要进一步加大对房地产开发企业偷漏税行为的查处力度。国有资产监管部门要进一步规范国有大企业的房地产投资行为。

（七）进一步加强土地供应管理和商品房销售管理。各地要综合考虑土地价格、价款缴纳、合同约定开发时限及企业闲置地情况等因素，合理确定土地供应方式和内容，探索土地出让综合评标方法。对拖欠土地价款、违反合同约定的单位和个人，要限制其参与土地出让活动。从严控制商品住房项目单宗土地出让面积。要结合当地实际，合理确定商品住房项目预售许可的最低规模，不得分层、分单元办理预售许可。已取得预售许可的房地产开发企业，要在规定时间内一次性公开全部房源，严格按照申报价格，明码标价对外销售。进一步建立健全新建商品房、存量房交易合同网上备案制度，加大交易资金监管力度。

（八）加强市场监测。地方人民政府要继续加强房地产市场统计、分析和监测，及时针对新情况、新问题提出解决措施和办法。有关部门要及时发布市场调控和相关统计信息，稳定市场预期。

四、加快推进保障性安居工程建设

（九）力争到2012年末，基本解决1540万户低收入住房困难家庭的住房问题。各地要通过城市棚户区改造和新建、改建、政府购置等方式增加廉租住房及经济适用住房房源，着力解决城市低收入家庭的住房困难。要加快建设限价商品住房、公共租赁住房，解决中等偏下收入家庭的住房困难。全面启动城市和国有工矿棚户区改造工作，继续推进林区、垦区棚户区改造。同时，加大农村危房改造力度，适当增加试点户数。

（十）中央将加大对保障性安居工程建设的支持力度，适当提高对中西部地区廉租住房建设的补助标准，改进和完善中央补助资金的下达方式，调动地方积极性，确保资金使用效果。各地区、各有关部门要加强监督检查，确保保障性安居工程建设用地和资金的落实。同时，鼓励金融机构向符合条件的城市和国有工矿棚户区改造项目提供贷款。保障性安居工程的建设计划、建设进度和资金使用等情况，要及时向社会公示。

五、落实地方各级人民政府责任

（十一）进一步健全和落实稳定房地产市场、解决低收入家庭住房困难问题由省级人民政府负总责，市、县人民政府抓落实的工作责任制。各地要结合本地区房地产市场情况，认真落实差别化的土地、金融、税收等政策，抓紧清理和纠正地方出台的越权减免税以及其他与中央调控要求不相符合的规定。对于境外机构和个人在境内投资购买房地产的，要严格按照现行政策执行。要按照支持居民合理住房消费、抑制投资投机性购房、增加有效供给、完善相关政策的原则，加大工作力度，促进房地产市场健康发展。

国务院有关部门要加强对各地贯彻落实房地产市场调控政策情况的检查和指导，对房价上涨过快的地区和城市要进行重点督查。各省、自治区、直辖市也要加大对市、县工作的指导力度，加强监督检查，确保各项工作措施落到实处。

国务院办公厅

2010 年 1 月 7 日

国务院办公厅关于进一步做好房地产市场调控工作有关问题的通知（国办发 [2011]1 号）

各省、自治区、直辖市人民政府，国务院各部委、各直属机构：

《国务院关于坚决遏制部分城市房价过快上涨的通知》（国发 [2010]10 号，以下简称国发 10 号文件）印发后，房地产市场出现了积极的变化，房价过快上涨的势头得到初步遏制。为巩固和扩大调控成果，进一步做好房地产市场调控工作，逐步解决城镇居民住房问题，促进房地产市场平稳健康发展，经国务院同意，现就有关问题通知如下：

一、进一步落实地方政府责任

地方政府要切实承担起促进房地产市场平稳健康发展的责任，严格执行国发 10 号文件及其相关配套政策，切实将房价控制在合理水平。2011 年各城市人民政府要根据当地经济发展目标、人均可支配收入增长速度和居民住房支付能力，合理确定本地区年度新建住房价格控制目标，并于一季度向社会公布。各地要继续增加土地有效供应，进一步加大普通住房建设力度；继续完善严格的差别化住房信贷和税收政策，进一步有效遏制投机投资性购房；加快个人住房信息系统建设，逐步完善房地产统计基础数据；继续做好住房保障工作，全面落实好年内开工建设保障性住房和棚户区改造住房的目标任务。

二、加大保障性安居工程建设力度

2011 年，全国建设保障性住房和棚户区改造住房 1000 万套。各地要通过新建、改建、购买、长期租赁等方式，多渠道筹集保障性住房房源，逐步扩大住房保障制度覆盖面。中央将加大对保障性安居工程建设的支持力度。地方人民政府要切实落实土地供应、资金投入和税费优惠等政策，引导房地产开发企业积极参与保障性住房建设和棚户区改造，确保完成计划任务。加强保障性住房管理，健全准入退出机制，切实做到公开、公平、公正。有条件的地区，可以把建制镇纳入住房保障工作范围。

要努力增加公共租赁住房供应。各地要在加大政府投入的同时，完善体制机制，运用土地供应、投资补助、财政贴息或注入资本金、税费优惠等政策措施，合理确定租金水平，吸引机构投资者参与公共租赁住房建设和运营。鼓励金融机构发放公共租赁住房建设和运营中长期贷款。要研究制定优惠政策，鼓励房地产开发企业在普通商品住房建设项目中配建一定比例的公共租赁住房，并持有、经营，或由政府回购。

三、调整完善相关税收政策，加强税收征管

调整个人转让住房营业税政策，对个人购买住房不足 5 年转手交易的，统一按其销售收入全额征税。税务部门要进一步采取措施，确保政策执行到位。加强对土地增值税征管情况的监督和检查，重点对定价明显超过周边房价水平的房地产开发项目，进行土地增值税清算和稽查。加大应用房地产价格评估技术加强存量房交易税收征管工作的试点和推广力度，坚决堵塞“阴阳合同”产生的税收漏洞。严格执行个人转让房地产所得税征收政策。

四、强化差别化住房信贷政策

对贷款购买第二套住房的家庭，首付款比例不低于 60%，贷款利率不低于基准利率的 1.1 倍。人民银行各分支机构可根据当地人民政府新建住房价格控制目标和政策要求，在国家统一信贷政策的基础上，提高第二套住房贷款的首付款比例和利率。银行业监管部门要加强对商业银行执行差别化住房信贷政策情况的监督检查，对违规行为要严肃处理。

五、严格住房用地供应管理

各地要增加土地有效供应，认真落实保障性住房、棚户区改造住房和中小套型普通商品住房用地不低于住房建设用地供应总量的 70% 的要求。在新增建设用地年度计划中，要单列保障性住房用地，做到应保尽保。今年的商品住房用地供应计划总量原则上不得低于前 2 年年均实际供应量。进一步完善土地出让方式，大力推广“限房价、竞地价”方式供应中低价位普通商品住房用地。房价高的城市要增加限价商品住房用地计划供应量。

加强对企业土地市场准入资格和资金来源的审查。参加土地竞买的单位或个人，必须说明资金来源并提供相应证明。对擅自改变保障性住房用地性质的，要坚决纠正和严肃查处。对已供房地产用地，超过两年没有取得施工许可证进行开工建设的，必须及时收回土地使用权，并处以闲置一年以上罚款。要依法查处非法转让土地使用权的行为，对房地产开发建设投资达不到 25% 以上的（不含土地价款），不得以任何方式转让土地及合同约定的土地开发项目。

六、合理引导住房需求

各直辖市、计划单列市、省会城市和房价过高、上涨过快的城市，在一定时期内，要从严制定和执行住房限购措施。原则上对已拥有 1 套住房的当地户籍居民家庭、能够提供当地一定年限纳税证明或社会保险缴纳证明的非当地户籍居民家庭，限购1套住房（含新建商品住房和二手住房）；对已拥有2套及以上住房的当地户籍居民家庭、拥有1套及以上住房的非当地户籍居民家庭、无法提供一定年限当地纳税证明或社会保险缴纳证明的非当地户籍居民家庭，要暂停在本行政区域内向其售房。

已采取住房限购措施的城市，凡与本通知要求不符的，要立即调整完善相关实施细则，并加强对购房人资格的审核工作，确保政策落实到位。尚未采取住房限购措施的直辖市、计划单列市、省会城市和房价过高、上涨过快的城市，要在2月中旬之前，出台住房限购实施细则。其他城市也要根据本地房地产市场出现的新情况，适时出台住房限购措施。

七、落实住房保障和稳定房价工作的约谈问责机制

国务院有关部门要加强对城市人民政府住房保障和稳定房价工作的监督和检查。对于新建住房价格出现过快上涨势头、土地出让中连续出现楼面地价超过同类地块历史最高价，以及保障性安居工程建设进度缓慢、租售管理和后期使用监管不力的，住房城乡建设部、国土资源部、监察部要会同有关部门，约谈省级及有关城市人民政府负责人。对未如期确定并公布本地区年度新建住房价格控制目标、新建住房价格上涨幅度超过年度控制目标、没有完成保障性安居工程目标任务的，相关省（区、市）人民政府要向国务院作出报告。监察部、住房城乡建设部等部门要视情况，根据有关规定对相关负责人进行问责。对于执行差别化住房信贷、税收政策不到位，房地产相关税收征管不力，以及个人住房信息系统建设滞后等问题，也要纳入约谈和问责范围。

省级人民政府及其有关部门，要参照上述规定，建立健全对辖区内城市落实住房保障和稳定房价工作的约谈问责机制。

八、坚持和强化舆论引导

新闻媒体要对各地稳定房价和住房保障工作好的做法和经验加大

宣传力度，深入解读政策措施，引导居民从国情出发理性消费，为促进房地产市场平稳健康发展和加快推进住房保障体系建设提供有力的舆论支持，防止虚假信息或不负责任的猜测、评论误导消费预期。对制造、散布虚假消息的，要追究有关当事人的责任。

国务院办公厅

2011 年 1 月 26 日

国务院办公厅关于继续做好房地产市场调控工作的通知（国办发 [2013]17 号）

各省、自治区、直辖市人民政府，国务院各部委、各直属机构：

2011 年以来，各地区、各部门认真贯彻落实中央关于加强房地产市场调控的决策和部署，取得了积极成效。当前房地产市场调控仍处在关键时期，房价上涨预期增强，不同地区房地产市场出现分化。为继续做好今年房地产市场调控工作，促进房地产市场平稳健康发展，经国务院同意，现就有关问题通知如下：

一、完善稳定房价工作责任制

认真落实省级人民政府负总责、城市人民政府抓落实的稳定房价工作责任制。各直辖市、计划单列市和省会城市（除拉萨外），要按照保持房价基本稳定的原则，制定本地区年度新建商品住房（不含保障性住房，下同）价格控制目标，并于一季度向社会公布。各省级人民政府要更加注重区域差异，加强分类指导。对行政区域内住房供不应求、房价上涨过快的热点城市，应指导其增加住房及住房用地的有效供应，制定并公布年度新建商品住房价格控制目标；对存在住房供过于求等情况的城市，也应指导其采取有效措施保持市场稳定。要建立健全稳定房价工作的考核问责制度，加强对所辖城市的督查、考核和问责工作。国务院有关部门要加强对省级人民政府稳定房价工作的监督和检查。对执行住房限购和差别化住房信贷、税收等政策措施不到位、房价上涨过快的，要进行约谈和问责。

二、坚决抑制投机投资性购房

继续严格执行商品住房限购措施。已实施限购措施的直辖市、计划单列市和省会城市，要在严格执行《国务院办公厅关于进一步做好房地产市场调控工作有关问题的通知》（国办发 [2011]1 号）基础上，进一步完善现行住房限购措施。限购区域应覆盖城市全部行政区域；限购住房类型应包括所有新建商品住房和二手住房；购房资格审查环节应前移至签订购房合同（认购）前；对拥有 1 套及以上住房的非当地户籍居民家庭、无法连续提供一定年限当地纳税证明或社会保险缴纳证明的非当地户籍居民家庭，要暂停在本行政区域内向其售房。住房供需矛盾突出、房价上涨压力较大的城市，要在上述要求的基础上进一步从严调整限购措施；其他城市出现房价过快上涨情况的，省级人民政府应要求其及时采取限购等措施。各地区住房城乡建设、公安、民政、税务、人力资源社会保障等部门要建立分工明确、协调有序的审核工作机制。要严肃查处限购措施执行中的违法违规行为，对存在规避住房限购措施行为的项目，要责令房地产开发企业整改；购房人不具备购房资格的，企业要与购房人解除合同；对教唆、协助购房人伪造证明材料、骗取购房资格的中介机构，要责令其停业整顿，并严肃处理相关责任人；情节严重的，要追究当事人的法律责任。

继续严格实施差别化住房信贷政策。银行业金融机构要进一步落实好对首套房贷款的首付款比例和贷款利率政策，严格执行第二套（及以上）住房信贷政策。要强化借款人资格审查，严格按规定调查家庭住房登记记录和借款人征信记录，不得向不符合信贷政策的借款人违规发放贷款。银行业监管部门要加强对银行业金融机构执行差别化住房信贷政策的日常管理和专项检查，对违反政策规定的，要及时制止、纠正。

对房价上涨过快的城市，人民银行当地分支机构可根据城市人民政府新建商品住房价格控制目标和政策要求，进一步提高第二套住房贷款的首付款比例和贷款利率。

充分发挥税收政策的调节作用。税务、住房城乡建设部门要密切配合，对出售自有住房按规定应征收的个人所得税，通过税收征管、房屋登记等历史信息能核实房屋原值的，应依法严格按转让所得的20%计征。总结个人住房房产税改革试点城市经验，加快推进扩大试点工作，引导住房合理消费。税务部门要继续推进应用房地产价格评估方法加强存量房交易税收征管工作。

三、增加普通商品住房及用地供应

各地区要根据供需情况科学编制年度住房用地供应计划，保持合理、稳定的住房用地供应规模。原则上2013年住房用地供应总量应不低于过去5年平均实际供应量。住房供需矛盾突出、房价上涨压力较大的部分热点城市和区域中心城市，以及前两年住房用地供应计划完成率偏低的城市，要进一步增加年度住房用地供应总量，提高其占年度土地供应计划的比例。加大土地市场信息公开力度，市、县人民政府应于一季度公布年度住房用地供应计划，稳定土地市场预期。各地区要继续采取有效措施，完善土地出让方式，严防高价地扰乱市场预期。各地区住房城乡建设部门要提出商品住房项目的住宅建设套数、套型建筑面积、设施条件、开竣工时间等要求，作为土地出让的依据，并纳入出让合同。

各地区发展改革、国土资源、住房城乡建设部门要建立中小套型普通商品住房建设项目行政审批快速通道，提高办事效率，严格落实开竣工申报制度，督促房地产开发企业严格按照合同约定建设施工，加快中小套型普通商品住房项目的供地、建设和上市，尽快形成有效供应。对中小套型住房套数达到项目开发建设总套数70%以上的普通商品住房建设项目，银行业金融机构要在符合信贷条件的前提下优先支持其开发贷款需求。

四、加快保障性安居工程规划建设

全面落实2013年城镇保障性安居工程基本建成470万套、新开工630万套的任务。各地区要抓紧把建设任务落实到项目和地块，确保资金尽快到位，尽早开工建设。继续抓好城市和国有工矿（含煤矿）、国有林区、垦区棚户区改造，重点抓好资源型城市及独立工矿区棚户区改造；积极推进非成片棚户区和危旧房改造，逐步开展城镇旧住宅区综合整治，稳步实施城中村改造。

强化规划统筹，从城镇化发展和改善居民住房条件等实际需要出发，把保障性安居工程建设和城市发展充分结合起来，在城市总体规划和土地利用、住房建设等规划中统筹安排保障性安居工程项目。要把好规划设计关、施工质量关、建筑材料关和竣工验收关，落实工程质量责任，确保工程质量安全。要合理安排布局，改进户型设计，方便保障对象的工作和生活。要加大配套基础设施投入力度，做到配套设施与保障性安居工程项目同步规划、同期建设、同时交付使用，确保竣工项目及早投入使用。

加强分配管理。要继续探索创新保障性住房建设和管理机制，完善保障性住房申请家庭经济状况审核机制，严格准入退出，确保公平分配。加大保障性安居工程建设、分配和退出的信息公开力度。严肃查处擅自改变保障性安居工程用途、套型面积等违法违规行为。2013年底前，地级以上城市要把符合条件的、有稳定就业的外来务工人员纳入当地住房保障范围。要加强小区运营管理，完善社区公共服务，优化居住环境。

五、加强市场监管和预期管理

2013年起，各地区要提高商品房预售门槛，从工程投资和形象进度、交付时限等方面强化商品房预售许可管理，引导房地产开发企业理性定价，稳步推进商品房预售制度改革。继续严格执行商品房销售明码标价、一房一价规定，严格按照申报价格对外销售。各地区要切实强化预售资金管理，完善监管制度；尚未实行预售资金监管的地区，要加快制定本地区商品房预售资金监管办法。对预售方案报价过高且不接受城市住房城乡建设部门指导，或没有实行预售资金监管的商品房项目，可暂不核发预售许可证书。各地区要大力推进城镇个人住房信息系统建设，完善管理制度，到“十二五”期末，所有地级以上城市原则上要实现联网。

加强房地产企业信用管理，研究建立住房城乡建设、发展改革、国土资源、金融、税务、工商、统计等部门联动共享的信用管理系统，及时记录、公布房地产企业的违法违规行为。对存在闲置土地和炒地、捂盘惜售、哄抬房价等违法违规行为的房地产开发企业，有关部门要建立联动机制，加大查处力度。国土资源部门要禁止其参加土地竞买，银行业金融机构不得发放新开发项目贷款，证券监管部门暂停批准其上市、再融资或重大资产重组，银行业监管部门要禁止其通过信托计划融资。税务部门要强化土地增值税的征收管理工作，严格按照有关规定进行清算审核和稽查。住房城乡建设、工商等部门要联合开展对房屋中介市场的专项治理工作，整顿和规范市场秩序，严肃查处中介机构和经纪人员的违法违规行为。有关部门要加强房地产开发企业资本金管理，加大对资产负债情况的监测力度，有效防范风险。

各地区、各有关部门要加强市场监测和研究分析，及时主动发布商品住房建设、交易及房价、房租等方面的权威信息，正确解读市场走势和有关调控政策措施，引导社会舆论，稳定市场预期。要加强舆情监测，对涉及房地产市场的不实信息，要及时、主动澄清。对诱导购房者违反限购、限贷等政策措施，造谣、传谣以及炒作不实信息误导消费者的企业、机构、媒体和个人，要进行严肃处理。

六、加快建立和完善引导房地产市场健康发展的长效机制

各有关部门要加强基础性工作，加快研究提出完善住房供应体系、健全房地产市场运行和监管机制的工作思路和政策框架，推进房地产税制改革，完善住房金融体系和住房用地供应机制，推进住宅产业化，促进房地产市场持续平稳健康发展。

国务院办公厅

2013 年 2 月 26 日

节约集约利用土地规定（2014 年国土资源部令第 61 号）

第一章　总 则

第一条 为贯彻十分珍惜、合理利用土地和切实保护耕地的基本国策，落实最严格的耕地保护制度和最严格的节约集约用地制度，提升土地资源对经济社会发展的承载能力，促进生态文明建设，根据《中华人民共和国土地管理法》和《国务院关于促进节约集约用地的通知》，制定本规定。

第二条 本规定所称节约集约利用土地，是指通过规模引导、布局优化、标准控制、市场配置、盘活利用等手段，达到节约土地、减量用地、提升用地强度、促进低效废弃地再利用、优化土地利用结构和布局、提高土地利用效率的各项行为与活动。

第三条 土地管理和利用应当遵循下列原则：

（一）坚持节约优先的原则，各项建设少占地、不占或者少占耕地，珍惜和合理利用每一寸土地；

（二）坚持合理使用的原则，盘活存量土地资源，构建符合资源国情的城乡土地利用新格局；

（三）坚持市场配置的原则，妥善处理好政府与市场的关系，充分发挥市场在土地资源配置中的决定性作用；

（四）坚持改革创新的原则，探索土地管理新机制，创新节约集约用地新模式。

第四条 县级以上地方国土资源主管部门应当加强与发展改革、财政、城乡规划、环境保护等部门的沟通协调，将土地节约集约利用的目标和政策措施纳入地方经济社会发展总体框架、相关规划和考核评价体系。

第五条 国土资源主管部门应当建立节约集约用地制度，开展节约集约用地活动，组织制定节地标准体系和相关标准规范，探索节约集约用地新机制，鼓励采用节约集约用地新技术和新模式，促进土地利用效率的提高。

第六条 在节约集约用地方面成效显著的市、县人民政府，由国土资源部按照有关规定给予表彰和奖励。

第二章　规模引导

第七条 国家通过土地利用总体规划，确定建设用地的规模、布局、结构和时序安排，对建设用地实行总量控制。

土地利用总体规划确定的约束性指标和分区管制规定不得突破。

下级土地利用总体规划不得突破上级土地利用总体规划确定的约束性指标。

第八条 土地利用总体规划对各区域、各行业发展用地规模和布局具有统筹作用。

产业发展、城乡建设、基础设施布局、生态环境建设等相关规划，应当与土地利用总体规划相衔接，所确定的建设用地规模和布局必须符合土地利用总体规划的安排。

相关规划超出土地利用总体规划确定的建设用地规模的，应当及时调整或者修改，核减用地规模，调整用地布局。

第九条 国土资源主管部门应当通过规划、计划、用地标准、市场引导等手段，有效控制特大城市新增建设用地规模，适度增加集约用地程度高、发展潜力大的地区和中小城市、县城建设用地供给，合理保障民生用地需求。

第三章　布局优化

第十条 城乡土地利用应当体现布局优化的原则。引导工业向开发区集中、人口向城镇集中、住宅向社区集中，推动农村人口向中心村、中心镇集聚，产业向功能区集中，耕地向适度规模经营集中。

禁止在土地利用总体规划和城乡规划确定的城镇建设用地范围之外设立各类城市新区、开发区和工业园区。

鼓励线性基础设施并线规划和建设，促进集约布局和节约用地。

第十一条 国土资源主管部门应当在土地利用总体规划中划定城市开发边界和禁止建设的边界，实行建设用地空间管制。

城市建设用地应当因地制宜采取组团式、串联式、卫星城式布局，避免占用优质耕地。

第十二条 市、县国土资源主管部门应当加强与城乡规划主管部门的协商，促进现有城镇用地内部结构调整优化，控制生产用地，保障生活用地，提高生态用地的比例，加大城镇建设使用存量用地的比例，促进城镇用地效率的提高。

第十三条 鼓励建设项目用地优化设计、分层布局，鼓励充分利用地上、地下空间。

建设用地使用权在地上、地下分层设立的，其取得方式和使用年期参照在地表设立的建设用地使用权的相关规定。

出让分层设立的建设用地使用权，应当根据当地基准地价和不动产实际交易情况，评估确定分层出让的建设用地最低价标准。

第十四条 促进整体设计、合理布局的建设项目用地节约集约开发。

对不同用途高度关联、需要整体规划建设、确实难以分割供应的综合用途建设项目用地，市、县国土资源主管部门可以按照一宗土地实行整体出让供应，综合确定出让底价。

综合用途建设项目用地供应，包含需要通过招标拍卖挂牌的方式出让的，整宗土地应当采用招标拍卖挂牌的方式出让。

第四章　标准控制

第十五条 国家实行建设项目用地标准控制制度。

国土资源部会同有关部门制定工程建设项目用地控制指标、工业项目建设用地控制指标、房地产开发用地宗地规模和容积率等建设项目用地控制标准。

地方国土资源主管部门可以根据本地实际，制定和实施更加节约集约的地方性建设项目用地控制标准。

第十六条 建设项目应当严格按照建设项目用地控制标准进行测算、设计和施工。

市、县国土资源主管部门应当加强对用地者和勘察设计单位落实建设项目用地控制标准的督促和指导。

第十七条 建设项目用地审查、供应和使用，应当符合建设项目用地控制标准和供地政策。

对违反建设项目用地控制标准和供地政策使用土地的，县级以上国土资源主管部门应当责令纠正，并依法予以处理。

第十八条 国家和地方尚未出台建设项目用地控制标准的建设项目，或者因安全生产、特殊工艺、地形地貌等原因，确实需要超标准建设的项目，县级以上国土资源主管部门应当组织开展建设项目用地评价，并将其作为建设用地供应的依据。

第十九条 国土资源部会同有关部门根据国家经济社会发展状况和宏观产业政策，制定《禁止用地项目目录》和《限制用地项目目录》，促进土地节约集约利用。

国土资源主管部门为限制用地的建设项目办理建设用地供应手续必须符合规定的条件；不得为禁止用地的建设项目办理建设用地供应手续。

第五章　市场配置

第二十条 各类有偿使用的土地供应应当充分贯彻市场配置的原则，

通过运用土地租金和价格杠杆，促进土地节约集约利用。

第二十一条 国家扩大国有土地有偿使用范围，减少非公益性用地划拨。

除军事、保障性住房和涉及国家安全和公共秩序的特殊用地可以以划拨方式供应外，国家机关办公和交通、能源、水利等基础设施（产业）、城市基础设施以及各类社会事业用地中的经营性用地，实行有偿使用。

具体办法由国土资源部另行规定。

第二十二条 经营性用地应当以招标拍卖挂牌的方式确定土地使用者和土地价格。

各类有偿使用的土地供应不得低于国家规定的用地最低价标准。

禁止以土地换项目、先征后返、补贴、奖励等形式变相减免土地出让价款。

第二十三条 市、县国土资源主管部门可以采取先出租后出让、在法定最高年期内实行缩短出让年期等方式出让土地。

采取先出租后出让方式供应工业用地的，应当符合国土资源部规定的行业目录。

第二十四条 鼓励土地使用者在符合规划的前提下，通过厂房加层、厂区改造、内部用地整理等途径提高土地利用率。

在符合规划、不改变用途的前提下，现有工业用地提高土地利用率和增加容积率的，不再增收土地价款。

第二十五条 符合节约集约用地要求、属于国家鼓励产业的工业用地，可以实行差别化的地价政策。

分期建设的大中型工业项目，可以预留规划范围，根据建设进度，实行分期供地。

具体办法由国土资源部另行规定。

第二十六条 市、县国土资源主管部门供应工业用地，应当将工业项目投资强度、容积率、建筑系数、绿地率、非生产设施占地比例等控制性指标纳入土地使用条件。

第二十七条 市、县国土资源主管部门在有偿供应各类建设用地时，应当在建设用地使用权出让、出租合同中明确节约集约用地的规定。

在供应住宅用地时，应当将最低容积率限制、单位土地面积的住房建设套数和住宅建设套型等规划条件写入建设用地使用权出让合同。

第六章 盘活利用

第二十八条 国家鼓励土地整治。县级以上地方国土资源主管部门应当会同有关部门，依据土地利用总体规划和土地整治规划，对田、水、路、林、村进行综合治理，对历史遗留的工矿等废弃地进行复垦利用，对城乡低效利用土地进行再开发，提高土地利用效率和效益，促进土地节约集约利用。

第二十九条 农用地整治应当促进耕地集中连片，增加有效耕地面积，提升耕地质量，改善生产条件和生态环境，优化用地结构和布局。

宜农未利用地开发，应当根据环境和资源承载能力，坚持有利于保护和改善生态环境的原则，因地制宜适度开展。

第三十条 高标准基本农田建设，应当严格控制田间基础设施占地规模，合理缩减田间基础设施占地率。

对基础设施占地率超过国家高标准基本农田建设相关标准规范要求的，县级以上地方国土资源主管部门不得通过项目验收。

第三十一条 县级以上地方国土资源主管部门可以依据国家有关规定，统筹开展农村建设用地整治、历史遗留工矿废弃地和自然灾害毁损土地的整治，提高建设用地利用效率和效益，改善人民群众生产生活条件和生态环境。

第三十二条 县级以上地方国土资源主管部门在本级人民政府的领导下，会同有关部门建立城镇低效用地再开发、废弃地再利用的激励机制，对布局散乱、利用粗放、用途不合理、闲置浪费等低效用地进行再开发，对因采矿损毁、交通改线、居民点搬迁、产业调整形成的废弃地实行复垦再利用，促进土地优化利用。

鼓励社会资金参与城镇低效用地、废弃地再开发和利用。鼓励土地使用者自行开发或者合作开发。

第七章　监督考评

第三十三条 县级以上国土资源主管部门应当加强土地市场动态监测与监管，对建设用地批准和供应后的开发情况实行全程监管，定期在门户网站上公布土地供应、合同履行、欠缴土地价款等情况，接受社会监督。

第三十四条 省级国土资源主管部门应当对本行政区域内的节约集约用地情况进行监督，在用地审批、土地供应和土地使用等环节加强用地准入条件、功能分区、用地规模、用地标准、投入产出强度等方面的检查，依据法律法规对浪费土地的行为和责任主体予以处理并公开通报。

第三十五条 县级以上国土资源主管部门应当组织开展本行政区域内的建设用地利用情况普查，全面掌握建设用地开发利用和投入产出情况、集约利用程度、潜力规模与空间分布等情况，并将其作为土地管理和节约集约用地评价的基础。

第三十六条 县级以上国土资源主管部门应当根据建设用地利用情况普查，组织开展区域、城市和开发区节约集约用地评价，并将评价结果向社会公开。

节约集约用地评价结果作为主管部门绩效管理和开发区升级、扩区、区位调整和退出的重要依据。

第八章　法律责任

第三十七条 县级以上国土资源主管部门及其工作人员违反本规定，有下列情形之一的，对有关责任人员依法给予处分；构成犯罪的，依法追究刑事责任：

（一）违反本规定第十七条规定，为不符合建设项目用地标准和供地政策的建设项目供地的；

（二）违反本规定第十九条规定，为禁止或者不符合限制用地条件的建设项目办理建设用地供应手续的；

（三）违反本规定第二十二条规定，低于国家规定的工业用地最低价标准供应工业用地的；

（四）违反本规定第三十条规定，通过高标准基本农田项目验收的；

（五）其他徇私舞弊、滥用职权和玩忽职守的行为。

第九章　附 则

第三十八条 本规定自 2014 年 9 月 1 日起实施。

关于建立土地市场动态监测制度的通知（国土资发 [2003]429 号）

各省、自治区、直辖市国土资源厅（国土环境资源厅、国土资源和房屋管理局、房屋土地资源管理局、规划和国土局）：

为建立土地市场运行快速反应机制，加强市场宏观调控，公开土地市场信息，完善土地市场服务，部决定建立土地市场动态监测制度。现就有关问题通知如下：

一、正确认识建立土地市场动态监测制度的重要意义

建立土地市场动态监测制度，是政府决策的重要支撑，是政务公开的重要形式与内容，是服务于社会并接受社会监督的有效途径。通过土地市场动态监测制度的实施，准确把握土地市场运行走势，为政府适时调整制定有关政策提供依据，有利于保障土地市场健康、稳定、有序发展，促进宏观经济的稳定健康运行；通过土地市场动态监测制度的实施，及时发布土地供应情况、地价走势等市场信息，有利于建立公开、公平、公正的土地市场环境，发挥市场配置土地资源的基础作用。各级国土资源管理部门必须高度重视，要积极采取有效措施，确保土地市场动态监测制度的全面落实。

二、全面规划，重点推进

土地市场动态监测系统由土地供应情况和地价走势两部分内容组成。为尽快运行监测系统，各地要按照统一部署，组织好力量，全面规划，重点推进。2004年3月1日前，直辖市、计划单列市、省会城市和长江三角洲、珠江三角洲重点城市（即江苏省无锡、常州、苏州、南通、扬州；浙江省温州、嘉兴、湖州、绍兴；广东省珠海、佛山、东莞、中山）以及有条件的市、县开始运行。到2004年6月底，全国县级以上国土资源管理部门要全面运行土地市场动态监测系统。

三、严格管理，规范运行

各地必须严格按照本通知要求，及时、准确、全面地搜集、整理、录入、分析和发布土地市场信息，确保土地市场动态监测系统安全有效运行。各地国有土地使用权出让计划、房地产开发土地供应计划、经济适用住房土地供应计划、国有土地使用权招标拍卖挂牌协议出让公告和国有土地出让结果等必须及时在《中国土地市场网》（www.landchina.com）公开发布。通过土地市场动态监测系统，及时将招标、拍卖、挂牌、协议出让（租赁）和划拨供地宗地信息录入上传，建立完善土地供应情况备案制度。县级以上国土资源管理部门必须按照《土地市场动态监测运行方案与要求》（附件一）、《城市地价动态监测系统运行方案与要求》（附件二），定期开展土地市场运行情况分析。

各地在建设和使用监测系统的过程中，必须严格执行国家有关保密规定。凡涉及保密内容的有关土地市场信息不得录入系统。土地市场运行情况分析报告未经批准不得擅自对外发布。要建立和完善信息安全监控系统，提高对网络攻击、病毒侵入、网络失窃密的防盗能力，防止有害信息的传播。

四、加强组织领导，严格管理制度

各级国土资源管理部门要切实加强对监测系统建设和运行工作的组织领导，要指定专门机构和专职人员具体负责，要在人员、经费上予以保证。省级国土资源管理部门要加强对下级特别是县级国土资源管理部门土地市场动态监测系统建设工作的检查指导。各级国土资源管理部门要建立完善土地市场动态监测系统的操作运行、数据审核、市场运行情况报告评审、保密安全、人员上岗培训等各项管理制度，确保土地市场监测系统高效、安全、规范运行。

2004 年 1 月 2 日

深圳市土地交易市场管理规定（2001 年深圳市人民政府令第 100 号）

第一章 总则

第一条 为了规范土地使用权交易行为，深化土地制度改革，加强廉政建设，建立公开、公平、公正的土地市场，制定本规定。

第二条 本市范围内的土地交易，适用本规定。

土地交易包括土地使用权出让、转让和租赁。

本规定所称的土地使用权转让包括地上建筑物、构筑物和附着物的转让，但应当适用《中华人民共和国城市房地产管理法》《深圳经济特区房地产转让条例》的房地产转让除外。

第三条 深圳市人民政府设立土地交易市场作为土地交易的专门场所。前条所称土地交易应当在土地交易市场进行。

深圳市规划国土部门是深圳市土地交易市场的主管部门（以下简称主管部门）。

深圳市土地房产交易中心（以下简称交易中心）是深圳市土地交易市场的承办机构，按规定的职责和程序运作，并接受主管部门和监察部门的指导、监督和检查。

市政府设立交易中心理事会，理事会对交易中心的重大问题进行决策。理事会由主管部门、物价部门、交易中心代表和房地产、规划、土地、法律等方面专业人士组成。

第四条 土地交易应当遵循公开、公平、公正的原则，任何单位和个人不得非法干预。

第五条 下列土地交易（包括分割转让）应在交易中心通过招标、拍卖和挂牌交易方式公开进行：

（一）经营性项目用地（包括市政府收回闲置的行政划拨用地和历史用地等）的土地使用权出让；

（二）以协议地价方式取得土地使用权，申请改变用地性质、功能，转让土地使用权的，依法收回土地使用权，通过招标、拍卖方式重新出让；

（三）依出让方式取得土地使用权，已签订出让合同，交清市场地价后进行的土地使用权转让；

（四）减免地价或交纳协议地价的土地使用权转让；

（五）合作建房，但农村征地返还用地除外；

（六）已建建筑物的出让用地、行政划拨用地和历史用地，若存在多个产权主体，按照城市规划由政府组织或经政府批准组织改造的，选择改造单位的；

（七）已建建筑物的出让用地、行政划拨用地和历史用地，且产权属同一主体的，在符合现行规划前提下，土地使用者选择转让他人改造或与他人合作改造的；

（八）为实现抵押权进行的土地使用权及地上建筑物、构造物、附着物转让；

（九）人民法院、执法机关裁定、决定处分的土地使用权及地上建筑物、构造物、附着物转让；

（十）法律、法规允许的集体所有的建设用地使用权交易。

其他机构包括中介机构不得进行上述交易。

第二章 功能与职责

第六条 交易中心主要职责为：

（一）贯彻执行国家土地管理的政策、法律、法规和规章，制定交易中心的内部管理制度，具体实施土地交易市场的建设计划和目标；

（二）接受主管部门和其他单位、个人委托，组织实施土地使用权出让、转让、租赁的招标、拍卖和公开挂牌交易工作，为举办土地使用权招标、拍卖会提供场所和服务，提供招标拍卖专家库等技术支持；

（三）受理土地使用权转让申请，负责转让条件的核验、成交确认；

（四）收集、汇总、储存、上报、发布土地交易信息行情，提供有关法律和其他信息咨询服务；

（五）发布土地使用权出让和转让供求信息，提供土地使用权交易、洽谈、招商、展销场所，为土地交易代理、地价评估、信息咨询等中介机构提供服务场所；

（六）为地价评估结果确认、交易过户、税费征收、土地登记发证等机构集中办公，实行“一条龙”服务，设立服务窗口；

（七）主管部门委托的其他事项。

第七条 交易中心应建立以下工作制度和管理制度：

（一）土地交易规则；

（二）土地交易运作程序；

（三）土地交易服务承诺；

（四）土地交易中心财务管理制度；

（五）工作人员守则；

（六）工作人员违纪违规行为的监督查处办法等。

第八条 土地交易市场应配备一定数量的专业人员和必要的设施，建立土地招标拍卖专家库（以下简称专家库）。专家库由具有土地估价师、房地产估价师、房地产经济师、价格鉴证师、律师、建筑师、规划师从业资格的人员和其他专家学者组成。

第九条 交易中心从事土地交易市场业务的工作人员，必须参加有关部门统一组织的培训，经考试合格取得上岗资格证书才能上岗。

第三章 土地交易方式

第十条 土地交易采取以下方式进行：

（一）招标，即通过发布招标公告，进行公开招标，由投标人进行投标，经评标后确定中标人的行为。

（二）拍卖，即通过发布拍卖公告，由竞买人在指定时间、地点进行公开竞价，由出价最高者获得土地使用权的行为。

（三）挂牌交易，即在一定期限内将土地交易条件在土地交易机构进行公告，并接受交易申请的行为。

第十一条 除按法律、法规规定的情形外，经营性项目土地使用权出让，应采用招标或拍卖方式。其他须公开交易的土地使用权交易，可根据需要选择招标、拍卖或挂牌交易中的一种方式。

第十二条 以招标、拍卖方式出让或转让土地使用权的，在招标、拍卖前应制定招标、拍卖文件和投标、竞买规则，并在招标、拍卖会30日前发布招标、拍卖公告，申请参与竞投或竞买的人数应达到2人或2人以上。

公告由委托方发布。公告应在交易中心和互联网发布，并在《深圳特区报》或《深圳商报》刊登。

第十三条 土地使用权出让和转让，应设立最低保护价。土地使用权以招标、拍卖方式交易时，未达到规定人数和最低保护价的，委托方有权重新作出交易安排。

最低保护价，包括招标底价及保留价。

第十四条 以招标方式转让土地使用权的，委托人应设立招标委员会，招标委员会由5人以上单数组成，委托人选派一名工作人员作为招标委员会主任，其余人员从土地交易市场专家库中随机抽出确定。随机抽出确定的专家经书面通知表示不能参加的，重新抽出确定。

第十五条 招标委员会的主要职责是审定招标最低中标价（以下简称底价），审查投标人资格，主持开标、评标和定标工作，确认中标人并发出中标确认书。

在招标委员会确认中标人五日内，应当签订土地使用权转让合同。

第十六条 以拍卖方式转让土地使用权，委托人应设立拍卖委员会。拍卖委员会由 5 人组成，委托人选派一名工作人员任拍卖委员会主任，其余人员从土地交易市场专家库中随机抽出确定。随机抽出确定的专家经书面通知表示不能参加的，重新抽出确定。

第十七条 拍卖委员会的主要职责是审定拍卖最低成交价（以下简称保留价）、审查竞买人资格、指定拍卖主持人。

拍卖主持人确认竞得人后，由交易中心与竞得人签订拍卖成交确认书。

第十八条 土地使用权公开挂牌交易的，应公告最低交易价和其他交易条件。

公告期限不少于 30 日。

公告期限届满，按照以下规定确定能否成交：

（一）若在规定期限内只有一个申请人，且报价高于最低交易价，并符合其他交易条件的，则此次交易成交；

（二）在规定期限内有二个以上申请人的，允许多次报价，土地使用权应由出价高者获得。报价相同的，由在先报价者获得；

（三）若在规定期限内没有申请人，或者只有一个申请人但报价低于最低交易价或不符合其他交易条件的，委托人可调整最低交易价，重新委托交易中心交易。

报价以报价单为准。成交后，由委托人与买方签订土地使用权转让合同，并由交易中心鉴证。

申请人挂牌交易所公告的最低交易价由委托人决定，但该最低交易价不得低于应补交地价、应缴纳税费及应付交易服务费用之和。

第四章　地交易规则

第十九条 以出让方式取得的土地使用权交易，转让人应委托交易中心进行，并提供房地产证或者土地使用权出让合同和付清地价款证明。交易中心直接安排交易；法律、法规、规章规定交易需经核准的，由交易中心在三日内进行核验后，送主管部门在15日内核准。主管部门核准转让的，再由交易中心进行交易。

第二十条 委托人委托交易中心进行公开交易，应当签订委托合同。

委托合同一般包括委托事项、时限、公告期限、委托费用、临时冻结产权、解冻等条款。

交易中心应拟备委托合同示范文本。委托人与交易中心签订委托合同可以对示范文本进行修改、增删。

第二十一条 已建建筑物的有偿出让用地、行政划拨用地和历史用地，若存在多个产权主体，按照城市规划由政府组织或经政府批准组织改造的，由主管部门确定可扣减地价的补偿安置金额后，在土地交易市场通过招标、拍卖改造权的方式，选择拆迁改造单位。中标人、竞得人完成拆迁工作后，可与主管部门签订出让合同。

第二十二条 已建建筑物的有偿出让用地、行政划拨用地和历史用地，且产权属同一主体的，在符合现行规划前提下，土地使用者选择转让他人改造或与他人合作改造的，应委托交易中心组织公开交易，选择受让人或合作人。交易中心在三日内核验后，送主管部门审核。主管部门核准转让的，由交易中心组织公开交易。

第二十三条 抵押权人为实现抵押要求处分抵押人土地使用权及地上建筑物、构造物、附着物的，应委托交易中心进行公开交易，并提交抵押权人与抵押人就处分抵押物达成的协议和双方认可的评估报告。交易中心直接安排交易；法律、法规、规章规定交易需经核准的，由交易中心在三日内核验后送主管部门核准。

主管部门核准交易的，由交易中心办理手续。

第二十四条 人民法院、执法机关裁定、决定处分的土地使用权及地上建筑物、构造物、附着物的转让，委托交易中心组织交易。

处分物为行政划拨土地使用权或减免地价土地使用权的，交易中心应在交易前送主管部门核准。

第二十五条 主管部门核准交易时，应核定是否应补交地价及应补交的地价数额。除市政府另有规定者外，交易中心在成交后从成交价款中首先扣减应补交的地价款及其他规费，并及时上缴主管部门财政专户，实行收支两条线管理。

第二十六条 交易中心从事上述交易时，可按规定向委托人单方收取服务费用。交易中心从事第五条第一款第一项、第二项交易时，按成交额百分之二计收服务费。从事第五条规定的其他交易的，成交额5000万元以下（含5000万元）部分，按百分之二计收服务费；成交额5000万元以上部分，超出部分按百分之一计收服务费。

交易中心的费用支出应当严格管理，依法接受审计。

第二十七条 土地使用权通过土地交易市场转让成交后，当事人应在规定时间内凭《成交确认书》和《土地使用权转让合同》申请办理产权登记。

第五章　监督查处

第二十八条 监察部门和主管部门应在交易中心设立检举或投诉信箱，接受群众对土地使用权交易违纪违规行为的检举、投诉。

第二十九条 交易中心应将土地使用权出让和转让规则、运作程序、服务承诺、工作人员守则等在显要位置张挂显示、陈设，接受群众监督。

第三十条 凡有下列情形之一的，不予办理产权手续：

（一）违反本规定，须公开交易的土地使用权不实行公开交易的；

（二）须公开交易的土地使用权不按本规定的规范要求和方式进行公开交易的；

（三）投标人或竞买人互相串通压价的；

（四）法律、法规规定属于交易无效的其他情形。

属于前款第（一）、（二）项情形的，由监察部门依法对有关单位负责人和责任人给予行政处分。构成犯罪的，由司法机关依法追究刑事责任。

第三十一条 政府机关工作人员和交易中心工作人员，违反有关规定，在土地交易过程中接受贿赂，徇私舞弊、泄漏秘密、玩忽职守的，由其所在单位或监察机关给予处分。构成犯罪的，由司法机关依法追究刑事责任。造成当事人损失的，依法承担赔偿责任。

第六章　附则

第三十二条 招标、拍卖出让土地使用权，除本规定另有规定外，适用《深圳经济特区土地使用权招标、拍卖规定》。

第三十三条 市政府过去颁布的有关规定与本规定不一致的，以本规定为准。

第三十四条 本规定自发布之日起施行。

江苏省政府办公厅关于促进房地产市场健康发展的意见（苏政办发 [2008]133 号）

各市、县人民政府，省各委、办、厅、局，省各直属单位：

房地产业是国民经济的支柱产业，也是经济发展的先导产业。最近一个时期，各地各有关部门认真贯彻国家和省关于扩大内需、促进经济平稳较快增长的决策部署，制定落实促进房地产业发展的政策措施，取得了积极成效。但必须清醒地看到，目前我省房地产业特别是房地产市场仍面临不少困难和问题。为进一步促进房地产市场健康发展，根据国务院办公厅《关于促进房地产市场健康发展的若干意见》（国办发 [2008]131 号）精神，结合我省实际，现提出如下意见。

一、加大廉租住房建设力度。坚持对低收入住房困难群众实行住房保障制度的原则，加大政策支持力度，加快保障性住房建设。加快廉租住房筹集进度，提高从住房市场投资收购廉租住房的比例，鼓励有条件的地区提前完成三年目标任务。各地要认真落实廉租住房保障资金，金融机构要加大对廉租住房投资收购和开发建设的支持力度，对各级住房保障管理部门投资收购廉租住房贷款给予利率优惠。省财政继续安排廉租住房专项补助资金，用于支持经济薄弱地区廉租住房建设，对任务完成好的地区给予适当奖励。

二、加快推进经济适用住房建设。继续认真落实经济适用住房建设用地优先供应政策和税费减免政策，允许建设单位以在建项目作抵押向商业银行申请开发贷款，各商业银行对该项贷款优先予以保障，利率在基准利率基础上可下浮 10%。各地可根据实际适当调整提高购买经济适用住房城市低收入家庭人均收入标准。对不符合廉租住房和经济适用住房供应条件，又无力购买普通商品住房的家庭，各地要从实际出发，采取发展租赁住房等多种方式，因地制宜解决其住房问题。

三、全面实施城市危旧房（棚户区）改造。把改造危旧房（棚户区）作为改善困难群众居住条件的重要举措，进一步采取措施加以推进。到 2010 年底，基本完成城市重点片区危旧房（棚户区）拆迁改造任务，使城市危旧房居民的住房质量、小区环境、配套设施明显改善。认真落实城市危旧房（棚户区）改造优惠政策，对城市危旧房（棚户区）改造免收各项行政事业性收费和政府性基金，优先安排危旧房改造中的低收入住房困难家庭购买经济适用住房或租住廉租住房。城市危旧房改造片区的居民购买住房，优先办理住房公积金贷款。

四、鼓励支持普通商品住房消费。对城市新增人口、新就业人群、拆迁安置户的自住购房需求及其他人群的改善性住房需求，积极给予鼓励支持。调整契税适用税率及标准，契税税率由4%调整为3%，其中个人购买普通商品住房的契税税率暂统一下调到1%。对已贷款购买一套住房但人均面积低于当地平均水平，再申请购买第二套普通自住房的居民，比照执行首次贷款购买普通自住房的优惠政策。进一步放宽住房公积金贷款条件，缴存住房公积金的职工购买自住住房，暂不受面积、价格及贷款次数等限制；购买二手房申请住房公积金贷款的，可享受新房贷款政策。

五、认真落实住房转让相关优惠政策。进一步减轻购房者的经济负担，活跃商品房和二手房交易市场。对住房转让环节营业税暂定一年实行减免政策。将现行个人购买普通住房超过5年（含5年）转让免征营业税，改为超过2年（含2年）转让免征营业税；将个人购买普通住房不足2年转让的，由按其转让收入全额征收营业税，改为按其转让收入减去购买住房原价的差额征收营业税。将现行个人购买非普通住房超过5年（含5年）转让按其转让收入减去购买住房原价的差额征收营业税，改为超过2年（含2年）转让按其转让收入减去购买住房原价的差额征收营业税；个人购买非普通住房不足2年转让的，仍按其转让收入全额征收营业税。对个人销售或购买住房暂免征收印花税，对个人销售住房暂免征收土地增值税。

六、合理调整商品住房供应结构。根据住房实际需求和住房建设规划，科学确定年度住房建设规模、各类住房建设比例及项目布局。积极调整住房供应结构，通过信贷、税收、土地政策和行政措施等，积极引导支持开发企业建设中小户型、中低价位普通商品住房，增加其市场供应数量。科学合理地确定土地供应总量、结构、布局和时序，保证房地产开发用地供应的持续和稳定。进一步完善普通商品住房价格管理，暂停执行核价要求，普通商品住房认定标准主要以容积率和套型面积为依据。

七、调整完善拆迁补偿安置政策。坚持住房市场化基本方向，进一步健全市场化拆迁评估体系，全面建立以市场交易价格为参照系的拆迁评估制度。在充分尊重被拆迁群众安置方式选择权的基础上，通过阶段性增加货币化补偿安置奖励等政策，引导被拆迁群众选择货币化补偿安置。商品住房市场供应比较充足、安置房尚未开工建设以及超期过渡被拆迁户较多的城市，可通过市场招标采购普通商品住房，用于安置被拆迁家庭。

八、支持房地产开发企业的合理融资需求。保持合理的房地产开发投资规模，推动房地产市场持续发展。积极争取开展房地产信托投资基金试点，拓宽房地产企业融资渠道。加大对中低价位、中小套型普通商品住房建设特别是在建项目的信贷支持，对有实力有信誉的房地产开发企业兼并重组提供融资和相关金融服务。对资金困难的在建项目，在保障资金安全前提下，可采取特殊信贷政策和措施，保障项目按期建成。

九、切实改善对房地产开发企业的服务。有针对性地制定政策措施，协调解决房地产开发企业遇到的困难，为房地产开发企业发展创造良好环境。引导房地产开发企业积极应对市场变化，主动采取措施，以合理的价格促进商品住房销售。对资金确有困难的开发企业，各类建设规费上交时间可适当延期。指导帮助企业根据市场变化调整项目规划设计。加大对各类涉房企业经营和服务收费的清理力度，规范垄断企业服务收费行为，降低房地产企业经营成本。

十、进一步加强对房地产市场的监测和管理。加大信息沟通和协调配合力度，完善房地产市场监测分析和动态报告制度，加强市场研判，准确把握市场走势，及时发现市场运行中的新情况新问题，提高调控措施的预见性、针对性和有效性。密切关注市场变化，认真组织开展房地产市场风险排查，研究制定风险防范预案，切实做好风险防范和处置工作。进一步加强对商品房预销售、预售款使用、项目建设和交付等房地产开发经营环节的监管，预防和减少因市场变化带来的矛盾和纠纷。坚持正确的舆论导向，大力宣传中央出台的各项政策措施及其成效，着力稳定市场信心，同时要加强市场经济条件下风险意识的宣传和教育工作。

各市、县人民政府要认真落实稳定房地产市场的职责，根据国家部署和本意见精神，结合实际制定具体政策措施，促进房地产市场健康发展。

2008 年 12 月 22 日

北京市关于贯彻国办发 [2010]4 号文件精神促进本市房地产市场平稳健康发展的实施意见（京建发 [2010]72 号）

各区、县人民政府，市政府各委、办、局，各市属机构：

根据《国务院办公厅关于促进房地产市场平稳健康发展的通知》（国办发 [2010]4 号）精神，按照市政府统一部署，为进一步加强和改善房地产市场调控，支持居民自住和改善型住房消费，遏制房价过快上涨的势头，促进本市房地产市场平稳健康发展，结合我市实际情况，现提出如下实施意见：

一、增加住房建设用地供应，2010 年全市政府土地储备和一级开发投资不低于 1000 亿元。加大政策性住房建设力度，调整住房建设用地供应结构，2010 年各类政策性住房用地占全市住房供地的 50% 以上，新开工建设和收购各类政策性住房占全市住房新开工套数的 50% 以上。

二、切实增加中低价位、中小套型普通商品住房供应，对已供地未开工、已开工未入市的普通商品住房项目，各部门进一步加强监督管理和跟踪服务，发挥行政审批绿色通道机制作用，促开工、促上市。

三、加快推进全市棚户区改造工作，结合保障性住房建设，力争再用两年时间，全面完成三区三片棚户区改造和中心城区危旧房屋保护性修缮任务。进一步完善“修缮、改善、疏散”的旧城房屋保护修缮模式，加大政府投入，注重旧城风貌的整体保护，疏解人口，使居民住房条件得到明显改善。

四、严格二套住房购房贷款管理。对已利用贷款购买住房、又申请购买第二套（含）以上住房的家庭（包括借款人、配偶及未成年子女），贷款首付款比例不得低于40%，贷款利率严格按照风险定价。

五、严格执行国家有关个人销售住房的税收政策。自2010年1月1日起，个人将购买不足5年的非普通住房对外销售的，全额征收营业税；个人将购买超过5年（含5年）的非普通住房或者不足5年的普通住房对外销售的，按照其销售收入减去购买房屋的价款后的差额征收营业税；个人将购买超过5年（含5年）的普通住房对外销售的，免征营业税。

六、严格执行《关于规范境外机构和境外个人购买商品房的通知》(京建交[2007]103号)中对境外个人在京购房的居住年限和所购房屋的有关规定。

七、加强土地供应管理和批后监管。从严控制商品住房项目单宗土地出让规模，出让面积原则上不超过20公顷。土地出让价款首次缴纳比例不得低于全部土地出让价款的50%，并严格按出让合同约定的时限要求支付剩余出让价款。加强对已出让房地产项目批后监管，依法开展闲置土地的清理。未按土地出让合同约定期限支付地价款、开工、竣工的房地产开发企业，严格追究违约责任，并限制其参与土地出让活动。

八、加强商品房销售管理。商品住房项目预售许可最低规模为施工许可证批准的施工范围。取得商品房预售许可证后，房地产开发企业应当三日内一次性公开全部房源，严格按申报价格，明码标价、公开对外销售。

九、加大房地产市场执法检查力度，进一步规范市场秩序。市和区（县）住房和城乡建设部门要会同有关部门，严厉打击无证售房、未按规定时限开盘、捂盘惜售、囤积房源、散布虚假信息等扰乱市场秩序的违法违规行为；国土资源部门要严厉查处违法违规用地和囤地、炒地行为；发展改革部门要加强商品住房价格监管，依法查处房地产开发企业和中介机构在房屋交易中的价格欺诈、哄抬房价以及违反明码标价规定的行为；税务部门要进一步加大对房地产开发企业偷漏税行为的查处力度；金融管理部门要进一步加强对金融机构房地产开发贷款业务的监督管理和窗口指导；国有资产监管部门要进一步规范国有大企业的房地产投资行为。

十、进一步加强房地产市场监测和信息发布。继续加强房地产市场统计、分析和监测，完善房价分类统计和发布机制，稳定市场预期。

十一、各区（县）政府要按照本意见要求，切实落实稳定房地产市场、解决中低收入家庭住房困难的责任。市政府有关部门要加强对各区县政府落实房地产市场调控政策和保障性安居工程实施情况的指导支持和检查，确保各项工作措施落到实处。

北京市住房和城乡建设委员会北京市发展和改革委员会

北京市财政局北京市国土资源局

北京市规划委员会北京市人民政府国有资产监督管理委员会

北京市地方税务局北京市统计局

国家统计局北京调查总队中国人民银行营业管理部

中国银行业监督管理委员会

北京监管局

2010 年 2 月 21 日

广州市关于贯彻住建部等部委宏观调控政策促进我市房地产市场持续健康发展的意见（穗国房字[2010]1311号）

各有关单位：

根据《国务院关于坚决遏制部分城市房价过快上涨的通知》（国发[2010]10号），为进一步贯彻落实国家近期关于加强房地产市场调控政策的有关精神，巩固房地产市场调控成果，坚决遏制房价过快上涨，促进我市房地产市场平稳健康发展，加快推进住房保障工作，结合我市房地产市场发展实际，提出以下贯彻意见：

一、坚决抑制不合理购房需求，严格限制各种名目的炒房和投机性购房

在本市市辖十区暂时实行限定居民家庭购房套数的政策。对于本市户籍居民家庭（包括购房人、配偶及未成年子女，下同）及能够提供在本市1年以上纳税证明或社会保险缴纳证明的非本市户籍居民家庭，只能在本市新购买一套商品住房；对于无法提供在本市1年以上纳税证明或社会保险缴纳证明的非本市户籍居民，不得在本市购买商品住房；对于未满18周岁的人士，不得在本市单独购买商品住房；对于境外机构和个人购买商品住房，严格按照《建设部、商务部、国家发展和改革委员会、中国人民银行、国家工商行政管理总局、国家外汇管理局关于规范房地市场外资准入和管理的意见》（建住房[2006]171号）等有关政策执行。新购商品住房必须严格执行有关信贷政策。

商品住房包括新建商品住房和二手住房。自本意见发布之日起，所有商品住房交易必须执行本意见规定。交易时间的认定，新建商品住房以在本市房地产主管部门信息系统网签购房合同的时间为准，二手住房买卖以房地产交易登记部门业务收件时间为准。对违反规定购买商品住房的，房地产交易登记部门不予受理房地产登记。

二、严格执行国家差别化的住房信贷政策

各商业银行暂停发放居民家庭购买第三套及以上住房贷款；对不能提供1年以上当地纳税证明或社会保险缴纳证明的非本地居民暂停发放购买住房贷款。对购买首套自住房且套型建筑面积在90平方米以上的家庭，首付款比例不得低于30%；对贷款购买第二套住房的家庭，严格执行首付款比例不得低于50%、贷款利率不得低于基准利率1.1倍的规定。各商业银行要加强对消费性贷款的管理，禁止消费性贷款用于购买住房。禁止各商业银行发放贷款额度随房产评估价值浮动、不指明用途的住房抵押贷款；对已抵押房产，在购房人没有全部归还贷款前，各商业银行不得以再评估后的净值为抵押追加贷款。

对购买首套住房且套型建筑面积在90平方米（含90平方米）以下或按规定购买本市经济适用住房的家庭，其住房公积金贷款首付款比例不低于20%；对购买首套住房且套型建筑面积在90平方米以上的家庭，其住房公积金贷款首付款比例不低于30%；对购买第二套住房的家庭，公积金贷款的首付款比例不得低于50%；暂停发放居民家庭购买第三套及以上住房公积金贷款。

三、严格执行国家有关房地产税收政策

地方税务部门要严格执行《广州市地方税务局关于调整我市土地增值税预征率的公告》（2010年第1号），重点加强对定价明显超过周边房价水平的房地产开发项目进行土地增值税清算和稽查，认真做好土地增值税的征收管理工作，充分发挥税收调控作用。

四、加大住房保障力度，逐步扩大住房保障覆盖面

进一步扩大住房保障范围。在解决2008年住房调查在册的77177户低收入家庭住房保障后，将住房保障范围从低收入住房困难家庭逐步扩大到中等偏下收入住房困难家庭。

大力发展公共租赁住房。年底前，出台公共租赁住房政策。通过土地、信贷、税收等优惠政策，支持鼓励社会力量参与公共租赁住房建

设，多渠道、多模式加大公共租赁住房供应，加快解决“夹心层”住房困难。

五、本意见自印发之日起执行。

广州市国土资源和房屋管理局

广州市地方税务局

中国人民银行广州分行

中国银行业监督管理委员会广东监管局

2010年10月15日

上海市人民政府办公厅关于本市贯彻《国务院办公厅关于进一步做好房地产市场调控工作有关问题的通知》的实施意见（沪府办发[2011]6号）

一、坚决贯彻落实国家和本市各项房地产市场调控政策措施，切实将房价控制在合理水平。根据本市经济发展目标、人均可支配收入增长速度和居民住房支付能力等，综合研究确定新建住房年度价格控制目标，并于2011年3月底前向社会公布。

二、进一步完善廉租住房、经济适用住房、公共租赁住房和动迁安置房“四位一体”的住房保障体系。继续放宽廉租住房准入标准，逐步扩大政策受益面，实现“应保尽保”；在加快推进中心城区和部分郊区经济适用住房申请供应工作基础上，年内进一步放宽申请准入标准，扩大经济适用住房受益面；研究试行经济适用住房租赁、租售转换新机制。加快保障性住房房源建设和供应，全年开工建设和筹措保障性住房1500万平方米（约22万套）。继续加大旧区改造力度，拆除中心城区二级旧里以下房屋 80 万平方米（受益家庭约 3.2 万户），启动郊区城镇危旧房改造。加大保障性房源筹措力度，新出让商品住房地块必须按照不小于 5% 比例配建保障性住房。按照国家要求，确保完成 2011 年全市保障性安居工程目标任务。

三、个人将购买不足 5 年的住房转手交易的，全额征收营业税。严格按照《上海市人民政府批转市住房保障房屋管理局等五部门关于进一步加强本市房地产市场调控加快推进住房保障工作若干意见的通知》（沪府发 [2010]34 号）规定，根据不同的销售价格确定土地增值税预征率，做好土地增值税征收管理工作。重点对定价明显超过周边房价水平的房地产开发项目（具体项目由住房保障房屋管理部门提供）。税务、财政、住房保障房屋管理、规划国土资源等部门要加强配合，加大应用房地产价格评估技术强化存量房交易税收征管的试点和推广力度，坚决堵塞通过“阴阳合同”产生的税收漏洞。

四、积极稳妥推进本市房产税试点工作，认真实施《上海市开展对部分个人住房征收房产税试点的暂行办法》，建立健全市与区（县）房产税试点工作机制，进一步完善全市统一的房地产信息管理平台，加强政策宣传和征收管理。

五、对居民家庭向商业银行贷款购买第二套住房的，其首付款比例不得低于 60%，贷款利率不得低于基准利率的 1.1 倍。对为改善居住条件购买第二套住房的，住房公积金个人贷款首付比例不得低于 60%，贷款利率不得低于基准利率的 1.1 倍。

继续加强对执行差别化信贷政策情况的检查，严肃查处违规贷款行为。

六、强化保障性住房和商品住房用地等年度供地计划管理，优化住房用地供应结构。在年度计划中，单列保障性住房用地，明确供地规模、供地时序等内容，确保各类保障性住房和中小套型普通商品住房用地不低于住房用地年度供应总量的 70%。对擅自改变保障性住房用地性质的，要坚决及时纠正和严肃查处。同时，今年的商品住房用地供应量原则上不低于前2年平均实际供应量，并根据土地市场情况，合理安排土地供应上市节奏。

加大闲置土地处置力度，按照国家和本市闲置土地处置的法律法规和政策规定依法处置。严格查处非法转让土地使用权的行为，对房地产开发建设投资达不到25%以上的（不含土地价款），不得以任何方式转让土地及合同约定的土地开发项目。

七、自本意见发布之日起，暂定在本市已有1套住房的本市户籍居民家庭、能提供自购房之日起算的前2年内在本市累计缴纳1年以上个人所得税缴纳证明或社会保险（城镇社会保险）缴纳证明的非本市户籍居民家庭，限购1套住房（含新建商品住房和二手住房）。对在本市已拥有2套及以上住房的本市户籍居民家庭、拥有1套及以上住房的非本市户籍居民家庭、不能提供2年内在本市累计缴纳1年以上个人所得税缴纳证明或社会保险（城镇社会保险）缴纳证明的非本市户籍居民家庭，暂停在本市向其售房。违反规定购房的，不予办理房地产登记。

八、各区县政府和市有关部门要按照2011年本市确定的保障性住房建设、供应目标，新建住房价格控制目标，落实工作责任，积极推进。要将住房保障工作目标纳入区县政府年度考核，对政策落实不到位、工作不得力、计划目标未完成的，要进行约谈，直至追究责任。

九、新闻媒体要强化舆论宣传和正面引导，着重宣传各项房地产市场调控政策措施，宣传本市住房保障工作进展和成效，引导居民理性消费。对制造、散布虚假消息的，要追究有关当事人责任。各有关部门要深入解读各项调控政策措施，及时解答市民关心的问题，共同维护房地产市场平稳健康发展的良好局面。

天津市人民政府办公厅印发关于贯彻国务院办公厅文件精神进一步做好我市房地产市场调控工作实施意见的通知（津政办发 [2011]19 号）

各区、县人民政府，各委、局，各直属单位：

经市人民政府同意，现将《关于贯彻国务院办公厅文件精神进一步做好我市房地产市场调控工作的实施意见》印发给你们，请照此执行。

国务院高度重视房地产市场调控工作，先后出台了一系列政策措施，有效遏制了房价过快上涨势头。《国务院办公厅关于进一步做好房地产市场调控工作有关问题的通知》（国办发 [2011]1 号）的下发，对于巩固扩大房地产市场调控成果，逐步解决城镇居民住房问题，促进房地产市场平稳健康发展，具有十分重要的意义。市人民政府坚决贯彻落实国务院的决策部署，积极采取有效措施，抑制房价过快上涨，加快保障性住房建设，努力改善居民住房条件。2011 年初，我市在深入调研的基础上，结合实际制定实施了《关于进一步规范我市房地产市场持续健康发展的若干意见》（津政发 [2011]2 号）。2 月 11 日，市人民政府召开第 56 次市长办公会议，就贯彻国办发 [2011]1 号文件精神进一步做好我市房地产市场调控工作进行了专题研究，提出了具体实施意见。

各区县、各部门、各单位要坚决按照国务院和市人民政府的统一部署，进一步统一思想，提高认识，加强组织领导，主动协调配合，切实把加强房地产市场调控的各项政策措施落到实处。

天津市人民政府办公厅

2011 年 2 月 18 日

关于贯彻国务院办公厅文件精神　进一步做好我市（天津市）房地产市场调控工作的实施意见

为贯彻《国务院办公厅关于进一步做好房地产市场调控工作有关问题的通知》（国办发 [2011]1 号），结合落实市人民政府《关于进一步规范我市房地产市场持续健康发展的若干意见》（津政发 [2011]2 号），提出如下实施意见：

一、严格落实国家调控政策，切实将房价控制在合理水平。根据我市经济发展目标、人均可支配收入增长速度和居民住房支付能力等，确定年度新建住房价格控制目标，并于 2011 年 3 月底前向社会公布。

二、加大保障性住房建设力度，落实住房保障工作目标。大力发展公共租赁住房，2011 年建设公共租赁住房、定向安置经济适用住房、限价商品住房等保障性住房 23 万套。对不同层面困难家庭发放三种补贴，全年共发放 8.5 万户。扩大住房保障范围，建立分层保障，应保尽保，租、售、补相结合的住房保障体系。落实危陋房屋拆迁改造 200 万平方米。

三、调整完善相关税收政策，严格加强税收征管。对个人购买住房不足 5 年转手交易的，统一按其销售收入全额征收营业税；加强存量房交易指导价格在税收征管工作中的应用，堵塞通过“阴阳合同”产生的税收漏洞；严格执行个人转让房地产所得税征收政策，对不满足转让自用 5 年以上且为家庭唯一生活用房条件的，一律征收个人所得税。加强对土地增值税征收管理，依照住宅不同销售价格，分别按照 2%、3% 和 5% 的比例预征土地增值税，并严格土地增值税的清算和检查，重点对定价明显超过周边房价水平的房地产开发项目，进行土地增值税清算和检查；加强房地产开发企业的销售、成本、费用支出管理，对房地产开发企业 2008 至 2010 年缴纳企业所得税情况进行专项核查。

四、严格差别化住房信贷政策。对贷款购买第二套住房的家庭，首付款比例不低于60%，贷款利率不低于基准利率的1.1倍。银行监管部门要加强对商业银行执行差别化住房信贷政策情况的监督检查，对违规行为要严肃处理。

五、加强住房用地供应管理。强化保障性住房和商品住房用地年度供地计划管理，优化住房用地供应结构。在新增建设用地年度计划中，单列保障性住房用地，明确供地规模、供地时序，保障性住房和中小套型普通商品住房用地不低于住房建设用地年度供应总量的70%。对擅自改变保障性住房用地性质的，要坚决纠正和严肃查处。新建商品住房用地的供应量不低于前2年平均实际供应量。对已供房地产用地，超过2年没有取得施工许可进行开工建设的，收回土地使用权并处以闲置1年以上罚款。

六、落实国家住房限购政策，合理引导住房消费。对已拥有1套住房的本市户籍居民家庭（成员范围包括购房人、配偶以及未满18周岁的未成年子女，下同）、能够提供在本市累计1年缴纳个人所得税证明或社会保险缴纳证明的非本市户籍居民家庭，限购1套住房（含新建商品住房和二手住房）；对已拥有2套及以上住房的本市户籍居民家庭、拥有1套及以上住房的非本市户籍居民家庭、无法提供在本市累计1年缴纳个人所得税证明或社会保险缴纳证明的非本市户籍居民家庭，要暂停向其售房。违反规定购房的，不予办理房地产登记。

七、加强新建商品住房销售管理。房地产开发企业取得商品房销售许可证后，需一次性在销售现场和天津市房地产综合信息网上公开全部房源及销售价格，如上调销售价格，需经市房地产市场行政主管部门备案，并重新公示。严禁无证售房、发布虚假信息。加强新建商品住房预售资金监管，要通过网络监控与现场巡查，严禁房地产开发企业将新建商品住房预售资金账外循环，控制房屋建设后期风险，确保新建商品住房预售资金的安全。

八、强化房地产市场监管。对新建商品住房交易价格进行监控，对销售价格明显高于同地段、同品质住房平均交易价格的进行跟踪监测。加强房地产中介机构管理，严格备案制度，规范房地产中介机构从业行为。对存在不规范交易行为的房地产开发企业和中介机构，由相关部门进行约谈，予以警示并公开曝光；对违法违规行为责令整改，并依法进行查处，查处期间暂停其房屋销售。加强房地产广告管理，加大对虚假违法房地产广告的处罚力度，对发布严重违法房地产广告的责任人可处1至6个月暂停发布房地产广告、直至取消广告经营和发布资格。对情节严重的虚假违法房地产广告公开曝光。

九、加强正面宣传和舆论引导。新闻媒体要强化正面宣传和舆论引导，深入解读国家各项房地产市场调控政策措施，引导居民理性消费，为维护房地产市场平稳健康发展提供舆论支持。对制造、散布虚假消息的，要追究有关当事人责任。

十、明确责任，确保落实。市有关部门要抓紧制定具体实施细则，并立即组织实施，切实加强管理，确保各项措施落到实处。各区县人民政府要将住房保障工作目标纳入区县人民政府年度考核，对政策落实不到位、工作不得力、计划目标未完成的单位负责人，要进行约谈，对问题严重的，要追究责任。

南京市政府关于进一步加强房地产调控工作的通知(宁政发[2013]311号)

各区人民政府，市府各委办局，市各直属单位：

为进一步完善房地产市场调控工作，巩固调控成果，落实中央关于加快推进住房保障和供应体系建设的要求，促进房地产市场平稳健康发展，现就进一步加强我市房地产市场调控工作通知如下：

一、加大普通住宅用地供应，优先安排保障性住房用地

确保完成年初制定的住宅用地供应计划。对今年400公顷商品住宅用地和350公顷保障房用地计划，尚未完成的要落实供地时间表，今年住宅用地供应规模在前五年平均供应量的基础上增加10%。进一步优化供应结构，切实加大中低价位、中小户型住房用地供应规模，对保障性住房用地做到应保尽保，尤其要确保城中村、危旧房改造安置房和公共租赁住房用地的供应。同时，提高郊区和新区住宅用地的供应占比，引导人口有效分流，形成人口合理布局。

二、加大土地供后监管力度，探索新的土地供应方式

继续加大土地供后跟踪监管力度，建立房地产用地开竣工申报制度和土地利用动态巡查机制。对未按期开工、竣工的项目加强监管。对已构成闲置土地的，加大调查认定和处置力度。对于可能形成高总价、高单价的地块，研究采取“竞地价、竞配建”，“竞地价、竞保障房资金”等方式，保持地价平稳。

三、进一步执行差别化的住房信贷政策

严格实施差别化住房信贷政策，坚决抑制投机投资性购房需求。继续支持首套购房需求，落实好首套房贷款的首付款比例和贷款利率政策；从严执行第二套房的信贷政策，对居民家庭向商业银行贷款购买第二套住房的，中国人民银行南京分行在国家统一信贷政策基础上，进一步提高第二套住房贷款的首付比例；强化借款人资格审查，不得向不符合信贷政策的贷款人违规发放贷款。

四、严格执行商品住房明码标价制度，引导企业合理定价

加强对价格的引导，指导企业合理定价，对预售方案报价过高且不接受物价、住建部门指导，或没有实行预售资金监管的商品房项目，暂不核发预售许可证书。严格执行商品住房明码标价相关规定，实行“一价清”制度，并按规定要求进行公示。

五、加强市场行为监管，规范市场销售秩序

进一步严格落实限购政策，严格执行购房实名制度及购房资格查验制度。对于教唆、协助购房人伪造证明、骗取购房资格的违规行为一经查实，将严肃查处。加快企业推盘进度，采取“有促有稳”的政策，尤其要加快对中低价位、中小户型产品的审批，形成市场的有效供应。商品房预售款（含定金）须全部存入预售款监管专用账户，且仅用于后续工程建设，不得挪作他用。

六、加大保障性住房建设力度，优化供应结构体系

加大保障性限价房和租赁性保障房建设力度，力争到十二五末建成各类保障性住房2000万平方米。加快完善政府集中建设保障房片区的教育、交通、医疗等公共配套设施，切实提高入住居民生活满意度。不断优化保障房源供应结构体系，逐步推进经济适用住房、公共租赁住房、廉租住房三类房源并轨。建立健全保障房准入、使用、退出等规章制度和运行机制，从制度上防范和有效治理非法占有保障性住房行为，实现公共资源公平善用。

七、加大保障性限价住房供应，逐步解决城市中低收入家庭、新就业大学生等住房困难问题

充分发挥保障性限价住房对于解决房地产市场自住型刚性需求的“调节器”作用。2013年12月份推出3000套现房公开发售，增加市场供给，加大金融政策的支持。适时调整政策保障范围，有效缓解城市中低收入家庭、新就业大学生等住房困难，基本实现应保尽保。

八、建立各部门分工协调机制，完善住房供应体系

加大保障性住房的政策受益面，有效缓解中低收入居民的居住困难，全面覆盖“低端有保障、中端有支持、高端有市场”的三个梯度住房消费需求。到“十二五”末，逐步形成公共租赁住房、保障性限价房、商品住房协调发展的住房供应体系，实现“住有所居”的奋斗目标。住建、国土、规划、财政等部门及各区政府既要分工负责，又要统筹协调，加快推进保障性住房的建设，适当加大土地、财政对保障性住房的投入力度，加强房地产市场的调控监管，建立统一、规范、成熟、稳定的住房供应体系。